Pieter Klaas Jagersma

HET NEDERLANDSE ORGANISATIEADVIESWEZEN

SAMSOM BEDRIJFSINFORMATIE BV
Alphen aan den Rijn

© PIETER KLAAS JAGERSMA (1997/revised edition 2018)

ISBN-13 978-1986336253

ISBN-10 1986336255

No part of this publication may be reproduced or transmitted in any form or by any means, electronic or mechanical, including photocopy, recording, or any information storage and retrieval system, without permission from the copyright owner.

VOORWOORD

Iedere organisatie heeft een levenscyclus, een dynamisch fenomeen waarbij verschillende stadia met uiteenlopende karakteristieken gepasseerd worden. De pioniers van gisteren zijn de door managers gedomineerde organisatieverbanden van vandaag en de bureaucratische marktpartijen van morgen en overmorgen. We kennen allemaal de voorbeelden.

De snelheid waarmee de levenscyclus van een organisatie doorlopen wordt is een functie van het verschijnsel concurrentie. Concurrentie, het spel van zet en tegenzet (met doorgaans grote ego's als inzet), is een dynamische spel, een pulserend proces dat winnaars en verliezers kent. Het is een interessant spel, omdat de uitkomst nooit van tevoren vast staat. De winnaars van vandaag zijn de verliezers van morgen en de verliezers van gisteren en eergisteren zijn de winnaars van vandaag.

Het verschijnsel concurrentie verklaart in de kern waarom het populaire en snel opkomende probleemveld "bedrijfskundige futurologie" per definitie koffiedikkijkerij is. Over de winnaars en verliezers van morgen en overmorgen valt immers in principe geen zinnig woord te zeggen. De succesvolste managementbestseller aller tijden (7 miljoen exemplaren), het door Tom Peters en Robert Waterman Jr. in het begin van de jaren tachtig geschreven *In Search of Excellence*, is daar misschien wel het meest treffende voorbeeld van. De 'excellente ondernemingen' van het begin van de jaren tachtig wisten halverwege de jaren tachtig slechts met de grootst mogelijke moeite het hoofd boven water te houden. *De excellente onderneming heeft nog steeds niet de laatste halte der gedachte verlaten. Ze bestaat eenvoudigweg niet.*

Gedurende het door een visie gevoede spel van zet en tegenzet worden bepaalde methodieken - strategieën en tactieken - gehanteerd om bepaalde uitkomsten (kwalitatieve danwel kwantitatieve doelstellingen als marktaandeel en een bepaald winstgevendheidsniveau) tot stand te brengen. Het bezitten van een visie is in dit verband belangrijk, omdat een organisatie zonder visie geen bestaansrecht heeft. Visie leidt namelijk per definitie tot concurrentie, de uitlaatklep pur sang van wat we politiek zo mooi 'geldingsdrang' noemen.

Organisaties zonder een visie sterven na verloop van tijd *altijd* uit. De ondergang van veel textielondernemingen en bedrijven actief in de scheepsbouw in de jaren zestig en zeventig zijn jammerlijke - veelbesproken - voorbeelden van toepassing op de situatie in de BV Nederland. Er was geen visie, dus werd men weggevaagd. In *no time* wel te verstaan.

Tijdens het spelen van het spel van zet en tegenzet gaat het uiteindelijk om de *bottom-line*: winnen of verliezen, het al dan niet adequaat vorm en inhoud geven aan de begrippen ambitie en vooruitgang. Nadere analyse leert dat het spel nogal verslavend blijkt te zijn, want de meeste mensen kunnen eigenlijk niet zonder dit spel. Ook na gedane arbeid is het 'goed rivaliseren'. Op zaterdagochtend in de supermarkt blijken we het spel keer op keer toe te passen: de *rat race* naar de kassa verloopt zelden zonder fysieke botsingen en verbale opstootjes. Rivaliseren zit ons klaarblijkelijk in het bloed.

'Rivaliseren' is, dat zal inmiddels duidelijk zijn, buitengewoon onderhoudend. Eigenlijk gaat het om een *hidden persuader*. En daar ligt nu net het probleem. Sommige organisatieverbanden - *profit* danwel *non-profit* - denken dat ze het spel van zet en tegenzet spelen, maar zijn ondertussen een speelbal geworden van het spel zelf. Sommige organisaties zijn zich hiervan terdege bewust. Weer andere organisaties ontberen iedere vorm van realiteitszin. Veel van dergelijke organisaties zullen eerder vroeger dan later op zoek moeten gaan naar een coach die een blijvende en structurele kwalitatieve upgrading van het management- en organisatiepotentieel tot stand weet te brengen. In dergelijke gevallen komt de organisatiedeskundige of organisatieadviseur om de hoek kijken.

Het is tegenwoordig bon ton om een organisatieadviseur in de hand te nemen. *It takes two to tango* lijkt het hedendaagse motto te zijn:

- Vanuit de opdrachtgevers geredeneerd is dit enigszins verrassend, omdat het inhuren van de diensten van een organisatieadviesbureau nog niet zo lang geleden als een collectief teken van zwakte werd gezien. Alleen een zwak (lees: falend) management maakte van de diensten van organisatieadviesbureaus gebruik. Een kwalitatief hoogwaardig management deed het allemaal zelf. Zij waren immers het beste in hun eigen *business* ingevoerd. De toegevoegde waarde van organisatieadviseurs werd dan ook minimaal geacht. Het inschakelen van een organisatieadviesbureau werd door veel potentiële opdrachtgevers eerder gezien als een serieuze poging om in een handomdraai een smak geld over de balk te smijten dan een effectieve manier om de conditie van een organisatie sprongsgewijs te verbeteren. Deze stereotype opvatting jegens het organisatieadvieswezen heeft de afgelopen 10 jaar een mentale salto mortale ondergaan. De trend is tegenwoordig veeleer dat juist 'sterk' en kwalitatief hoogwaardig management zich intensief door organisatieadviseurs laat seconderen. Professionele managers ('interne professionals') blijken vaker 'externe professionals' (als organisatieadviseurs) in de arm te nemen.

- Vanuit de opdrachtnemers geredeneerd enigszins voor de hand liggend. Zij zeggen immers sinds jaar en dag voor organisaties zaken als 'wijsheid' en 'waarheid' in pacht te hebben. En daar zijn ze - ondersteund door *consultancy speak,* een *overhead projector* en een *flip-over* - vaak ontstellend overtuigend in. De hoogte van de *fees* is niet voor niets vooreerst een functie van het goeroe-gehalte van het organisatieadviesbureau (en haar adviseurs). Men spreekt de taal van de opdrachtgever en kan haarscherp het verschil tussen de *nice to know* en de *need to know* aangeven. *Saved by the bell* denken veel opdrachtgevers, want de meeste organisatieadviseurs worden nog steeds om ongeveer vijf minuten voor twaalf binnengehaald. Organisatieadviseurs kunnen de van de hoofdweg afgedwaalde organisatie weer op weg helpen dan wel onder het motto 'risicospreiding' de organisatie bewust een interessante zijweg (in de praktijk overigens niet zelden een doodlopende zandweg) doen inslaan.

De vandaag de dag actuele en dominante oriëntatie van veel Nederlandse organisaties op de toegevoegde waarde van nogal wat organisatieadviseurs met doorgaans zeer uiteenlopende *skills* valt relatief eenvoudig te verklaren. Het gaat immers in de hedendaagse concurrentiestrijd in de kern niet om het efficiënt c.q. effectief ontwikkelen, voortbrengen en verkopen van goederen en diensten, maar in eerste aanleg om het efficiënte en effectieve management van *ervaring*. De *ervaring* met 'het ondernemen' uit zich immers in de vorm van het bedenken, ontwikkelen, maken en afzetten van goederen dan wel diensten. Concurrentievoordelen van organisaties zijn dus - abstract gesteld - in essentie gebaseerd op 'ervaringsvoorsprongen'. De in een organisatie samengebalde ervaring moet - nog abstracter - bij voorkeur in meerdere aanwendingsrichtingen gebruikt kunnen worden (dat vergemakkelijkt immers het effectueren van diversificaties). En - extrapolerend - er zal ten allen tijde voorkomen moeten worden dat de eenmaal met veel inspanningen opgebouwde (relatieve) ervaring(svoorsprong) van een organisatie vanwege een verandering van de concurrentiële spelregels niet langer succesvol toegepast zal kunnen worden. De duurzaamheid van een concurrentievoordeel van een organisatie en daarmee het vermogen om het spel van zet en tegenzet naar de hand te zetten is dus gebaseerd op unieke, moeilijk te kopiëren, multi-inzetbare ervaring. *Economies of skills* dus.

De hamvraag is nu: past de organisatieadviseur in dit plaatje? Het antwoord is, u raadt het al, een volmondig 'ja'. Ervaring is - zoveel is inmiddels duidelijk geworden - een strategisch, economisch en daardoor schaars goed dat een rijpingsproces van ettelijke jaren (niet zelden tientallen jaren) ondergaat. Het inherente kenmerk bij uitstek van de organisatieadviseur, te weten zijn (doorgaans tijdelijke) intensieve, op *ervaring* gebaseerde relatie met een organisatie valt hier goed mee te verenigen - hoewel veel organisaties nog steeds van mening zijn dat organisatieadviseurs veel met *soap opera's* gemeen hebben (beide zijn moeilijk 'weg te zappen'). De aanwezigheid van een organisatieadviseur met een behoorlijke hoeveelheid specifieke ervaring 'in zijn rugzak' zal in het minst positieve geval het effect hebben van een *face scrub*, een *peeling*: de doorbloeding in het hoofd van de opdrachtgever zal er door gestimuleerd worden.

In het meest positieve geval zal een organisatieadviseur de met een 'uitdaging' worstelende organisatie van een ferme injectie ervaring kunnen voorzien. De ervaring van de organisatieadviseur is op zijn beurt weer direct van invloed op het al dan niet kunnen geven van de juiste dosering - *te veel* additionele ervaring in een te kort tijdsbestek leidt in dit geval onherroepelijk tot een overdosis. Bij de juiste diagnose en dosering horen we als organisatieadviseurs het kwartje vallen. We hebben dan aan de juiste knoppen in de juiste richting zitten draaien. Veel organisaties zijn juist dankzij de additionele, vaak complementaire ervaring van organisatieadviseurs in staat het spel van zet en tegenzet naar hun hand te zetten. De perspectieven voor goede organisatieadviseurs zijn dan ook grensloos en grenzeloos. Dat geldt overigens ook voor het door hen te spelen spel. En dat spel is de afgelopen jaren nogal veranderd. Dat heeft niet alleen te maken met het aantal spelers (dat sterk is toegenomen), maar ook met de aard van nogal wat nieuwe spelers. 'Oude' spelregels lijken mede daardoor hun toepassingsbereik te hebben verloren, nieuwe zijn momenteel in de maak. Ergo: veel organisatieadviesbureaus concurreren op het scherpst van de snede met elkaar.

Dit schrijven zoomt in op de veranderingen die de afgelopen jaren in het organisatiewezen in het algemeen en het Nederlandse organisatieadvieswezen in het bijzonder plaatshadden en nog steeds plaatshebben. De op deze plaats te identificeren trendmatige ontwikkelingen hebben de concurrentiestrijd blijvend aangezwengeld. Ze hebben niet alleen verstrekkende gevolgen voor de intensiteit van de concurrentiestrijd, maar ook voor de manier waarop het spel van zet en tegenzet wordt gespeeld. Er wordt steeds vaker direct en met open vizier geconcurreerd. Nog maar tien jaar geleden werd niet dan wel indirect geconcurreerd om de gunst van de prospect. De spelregels zijn de afgelopen tien jaar dan ook volledig herschreven. Ook voor het Nederlandse organisatieadvieswezen staat de factor tijd dus bepaald niet stil.

Ik wens u veel leesplezier.

Pieter Klaas Jagersma
Eerste editie winter 1996/Herziene editie voorjaar 2018

INHOUDSOPGAVE

Voorwoord 3

Inhoudsopgave 9

Hoofdstuk 1 Inleiding 13

Hoofdstuk 2 Diensten en organisatieadvies: what's in a name? 21

2.1 Algemeen 21

2.1.1 Vooraf 21

2.1.2 Een macro-economisch perspectief 21

2.1.3 Een micro-economisch perspectief 24

2.2 Terminologie 27

2.2.1 Inleiding 27

2.2.2 Dienstenonderneming 27

2.2.3 De organisatieadviseur 28

2.2.4 Ondernemingsscope 35

Hoofdstuk 3 Het Nederlandse organisatieadvieswezen 37

3.1 Algemeen 37

3.2 Soorten adviesbureaus 40

3.3 De bureaukeuze 44

Hoofdstuk 4 Branchevervaging — **49**

4.1 Algemeen 49

4.2 Automatiseringsbureaus 49

4.3 De oprukkende accountant 54

4.4 Marktonderzoeksbureaus 58

4.5 Bedrijfswetenschappelijke instellingen 61

4.6 Boodschap 64

Hoofdstuk 5 Grensverleggend adviseren — **67**

5.1 Algemeen 67

5.2 Waarom? 67

5.3 Hoe? 70

5.4 Het Oosten 73

5.5 Het Verre Oosten 76

5.6 De Verenigde Staten 77

Hoofdstuk 6 Concurrentie — **79**

6.1 Algemeen 79

6.2 Interne concurrentie 80

6.3 Potentiële concurrentie 81

6.4 Externe concurrentie 82

6.5 De balans: evenwicht of ... 83

Hoofdstuk 7 Concurrentievermogen 87

7.1 Algemeen 87

7.2 Productpositionering 87

7.3 Prijsbeleid 88

7.4 Vestigingsplaats 89

7.5 Mobiliteit 89

7.6 Immateriële activa 90

7.7 Omvang 91

7.8 Eigendomsstructuur 94

Hoofdstuk 8 Over morgen en overmorgen 95

8.1 Algemeen 95

8.2 Multinationale accountantsgroepen 96

8.3 Grote nationale adviesbureaus 98

8.4 Amerikaanse megakantoren 100

8.5 De zelfstandige adviseur 101

8.6 De kwaliteit van de adviseur 103

Over de auteur 109

Aanbevolen literatuur 111

Andere boeken van de auteur 117

1 INLEIDING

Mijn voormalige McKinsey-collega Pieter Winsemius vergeleek de organisatieadvieswereld weleens met de wereld van Peter Stuyvesant. Hij interpreteerde dit op een positieve manier: de organisatieadvieswereld is een wereld waarin hoge eisen worden gesteld aan professionals die regelmatig op de weg dan wel in de lucht vertoeven en weinig toekomen aan (de broodnodige) ontspanning. Het is in de organisatieadvieswereld hard en gedecideerd werken geblazen. Dat vergt een bepaald soort instelling en mentaliteit.

De wereld van Peter Stuyvesant is eveneens bij menig (aankomend) cliënt niet onbekend. De beeldvorming van de 'vragers' naar organisatieadvies staat echter niet zelden diametraal op die van ervaren adviseurs als Pieter Winsemius. Jonge *high-income*, succesvolle en scherp in het (mantel)pak gestoken professionals die in bovenmodale automobielen (inclusief autotelefoon) bij een opdrachtgever voor komen rijden. Verbale krachtpatsers die met veel jargon de cliënt weleens zullen vertellen wat men eigenlijk moet doen om megasuccessen te oogsten. Waarom ze rechtsom moeten in plaats van linksom. Dat is (helaas) nog steeds het manifest aanwezige beeld dat de organisatieadvieswereld tot op de dag van vandaag in grote delen van het Nederlandse bedrijfsleven blijft achtervolgen. Ergo: omvangrijke delen van de BV Nederland zijn nog steeds braakliggend terrein voor organisatieadviseurs.

De wereld van Peter Stuyvesant is inmiddels ook ontdekt door een (buitengewoon) grote groep academici, hoog opgeleide jonge mensen van economische en technische (beroeps)opleidingen. Jonge, doorgaans louter theoretisch geschoolde mensen dromen van een loopbaan in het organisatieadvieswezen. Bedrijven als McKinsey&Company, Monitor (met boegbeeld Michael Porter) en de Boston Consulting Group spreken tot de verbeelding van veel studenten. Uit het jaarlijkse door de *Financial Times* gesponsorde *corporate image* onderzoek onder Europese studenten en hun ondernemingsvoorkeuren blijkt jaar in jaar uit dat organisatieadviesbureaus in het algemeen en de Amerikaanse adviesbureaus in het bijzonder verreweg het aantrekkelijkste image hebben. De Europese intellectuele en zakelijke elite van morgen en overmorgen valt blijkbaar en masse voor de moderne Nostradamus.

Dat maar weinigen uitverkoren zijn doet er overigens niet zoveel toe. Je hebt immers ook nog de accountantsketens met hun organisatieadviespoten en de 'zuiver' Nederlandse organisatieadviesbureaus en die doen in de regel in kwalitatief opzicht niet onder voor hun Amerikaanse tegenhangers. Marktpartijen als KPMG, Moret, Ernst & Young, Coopers & Lybrand maar ook partijen als Rijnconsult, de Holland Consulting Group, Berenschot, Twijnstra & Gudde en Bakkenist Management Consultants krijgen per jaar duizenden verzoeken van jonge partners-in-spé. Organisatieadviesbureaus zijn *en vogue*.

Dat de organisatieadvieswereld als geheel snel is gegroeid zal na het voorafgaande duidelijk zijn. Studenten zijn per definitie alleen maar geïnteresseerd in bedrijfstakken met aantrekkelijke groeicijfers. En het organisatieadvieswezen kan er wat dat betreft wat van. De cijfers over het organisatieadvieswezen spreken dan ook boekdelen. Kijken we bijvoorbeeld naar de mondiale marktomvang van de *management consultancy industry*, dan komen we in 1996 uit op een geschat (omzet)bedrag van om en nabij de $ 18 miljard. Dat is bijna tweemaal zoveel als in 1990, toen het nog om een markt van ongeveer $ 10 miljard ging. In 1980 ging het 'slechts' om (ongeveer) $ 4 miljard. Een explosieve groei dus. En het einde lijkt nog lang niet in zicht. *Success breeds success*.

Het merkwaardige is dat we op het niveau van de organisatieadviesbranche eigenlijk helemaal niet zoveel af weten van de *ins* en *outs* van de eigen 'populatie', hoe organisatieadviesbureaus precies werken, wat ze allemaal doen, welke type adviseur minder danwel meer in trek is en dergelijke. Sterker nog, kijken we louter en alleen naar de Nederlandse organisatieadviespraktijk, dan moeten we tot de conclusie komen dat Nederlandse organisatieadviesbureaus doorgaans goed zijn in het doorlichten van cliënten, maar bepaald niet uitmunten in reflecterend en onthullend zelfonderzoek. 'Verhullen' in plaats van 'onthullen' lijkt het motto te zijn. Omvattend explorerend, descriptief danwel prescriptief onderzoek wordt hoogst zelden uitgevoerd in de Nederlandse organisatieadvieswereld.

Diverse vaak in elkaars verlengde liggende redenen kunnen daarvoor worden opgevoerd. Louter ter illustratie (de opsomming is dus *niet* volledig):

- Het organisatieadvieswezen is een gesloten wereld, waarbij begrippen als vertrouwelijkheid en anonimiteit hoog in het vaandel staan. Organisatieadviseurs zullen niet snel de vuile was van hun cliënten buiten laten drogen, laat staan die van henzelf. De *inward orientation* is manifest. Daar wordt zelden van afgeweken. De nogal zware kwalificatie 'beroepscode' dringt zich dan ook op.

- Een tweede reden is de overdreven oriëntatie op het reilen en zeilen van de cliënt. De *client orientation* domineert de burelen van de Nederlandse organisatieadviesbureaus. Zij moeten vaak in een zeer korte tijd als het ware in de bloedsomloop van de cliënt zitten. Dat vergt veel energie en het doortastend en overtuigend toepassen van een *focus approach*.

- Organisatieadviseurs hebben te maken met een hoge werkdruk. Werkweken van meer dan vijftig uur zijn eerder regel dan uitzondering. Meer operationele zaken als aandacht voor de eigen organisatorische architectuur (eigenlijk een belangrijk strategisch activum) worden dan al snel naar de achtergrond verdreven. De cliënt wil ASAP (*as soon as possible*) resultaten zien. Hoe sneller, hoe beter. Organisatieadviseurs moeten continu het verwachtingspatroon dat bij cliënten leeft overtreffen. Organisatieadviseurs moeten keer op keer verrassen. Diverse van buiten (i.e. de *front-office*) uitermate professioneel lijkende Nederlandse organisatieadviesbureaus zijn intern (i.e. de *back-office*) verre van professioneel. Meer in het algemeen geldt dat veel organisatieadviesbureaus in organisatorisch opzicht nog aan vele kwaliteitsknoppen moeten draaien wil van een effectief en efficiënt bureaumanagement gesproken worden.

- Veel organisatieadviesbureaus zuchten onder de tucht van het declareren. De vergelijking met een corset dringt zich op. Een week *full-time* in de weer zijn met de eigen organisatorische infrastructuur kan er doorgaans (naar eigen zeggen) gewoonweg niet af. 'Tijd' is vooral in het organisatiewezen 'geld'.

- De factor 'angst' speelt een niet te onderschatten (bij)rol. Organisatieadviesbureaus moeten immers problemen oplossen bij cliënten. Zelfonderzoek past eigenlijk niet in dit scenario. Organisatieadviesbureaus passen een *due diligence* alleen op cliënten toe. Daar moeten de lijken uit de kast gehaald worden. Het 'Wij Zijn Uniek'-syndroom staat een en ander in de weg. Laten we er vooral niet omheen draaien: organisatieadviseurs hebben doorgaans ego's als flatgebouwen (sommigen zelfs als wolkenkrabbers). Zelfrelativering is een gunstige voedingsbodem voor serieus (en bruikbaar!) zelfonderzoek.

- De laatste reden die ik op deze plaats aan zou willen dragen is de factor mystiek. We weten allemaal dat de reputatie van Neerlands bekendste organisatieadviesbureau McKinsey&Company voor een belangrijk deel te maken heeft met het feit dat men in beginsel nooit uit eigen beweging de publiciteit op zoekt. Veel organisatieadviesbureaus kiezen heel bewust voor een *low profile approach*.

De bovenstaande opsomming verklaart mede waarom er weinig behoefte is aan zelfonderzoek. De door *insiders* geschreven boeken en serieuze studies kunnen op een hand geteld worden. Het reeds geproduceerde inhoudelijke materiaal heeft bovendien een hoog retrospectief- en leerboek-gehalte. De bruikbaarheid van de studies is doorgaans gering.

Toch kan ook vanuit een meer descriptief en prescriptief perspectief een en ander aan het papier worden toevertrouwd. Interessant zijn de veranderingen die de afgelopen jaren - vanaf pakweg het einde van de jaren tachtig - in het organisatieadvieswezen hebben plaatsgevonden. Er is nogal wat veranderd in de Nederlandse organisatieadvieswereld. Dat varieert van incidentele regelrechte aardverschuivingen tot regelmatig plaatshebbende korte, maar heftige aardschokken en naschokken aan toe. Het is uitdagend om daar eens wat langer bij stil te staan. Het interpreteren van die pulserende bewegingen nodigt uit tot nadenken:

- Waar gaan we met het Nederlandse organisatieadvieswezen naar toe?
- Wat is de gemeenschappelijke rationale van de thans plaatshebbende bewegingen?
- Op welke manieren gaan organisatieadviesbureaus de komende jaren met elkaar concurreren.
- Wie gaan met wie concurreren (en samenwerken)?
- Welke factoren zijn vandaag de dag en in de naaste en verre toekomst verantwoordelijk voor het concurrentievermogen van organisatieadviesbureaus?
- Hoe zit het met de eisen die we aan een 'goede' organisatieadviseur stellen? Veranderen de eisen of worden ze de komende jaren wellicht aangescherpt? Etcetera etcetera.

In de navolgende hoofdstukken twee tot en met acht zoomen we in op deze en andere vragen. We proberen daarbij de verschillende puzzelstukjes op de juiste plaats en op de juiste manier in elkaar te laten vallen. Op die manier zullen we de Nederlandse organisatieadvieswereld transparanter maken - in eerste aanleg voor elkaar, maar eveneens voor anderen, bijvoorbeeld onze cliënten. Ik heb me bij het schrijven laten leiden door

verschillende rode draden. Deze studie van het Nederlandse organisatieadvieswezen heeft op drie analytische niveaus plaatsgevonden:
- het niveau van de bedrijfstak;
- het niveau van het organisatieadviesbureau;
- het niveau van de individuele organisatieadviseur.

Verder heeft dit schrijven een hoog eclectisch gehalte. De breedte in plaats van de diepte staat centraal.

Rationale of management consultancy

There are three classes of people in this world:
- The first learn from their own experience - these are wise;
- The second learn from the experience of others - these are happy;
- The third neither learn from their own experience nor the experience of others - these are fools.

Source: *The Earl of Chesterfield*

Er zal de komende jaren sprake zijn van een toenemende vraag naar diensten van organisatieadviesbureaus vanwege:

- *Snelle veranderingen in (informatie-)technologie en markt*. Daardoor worden nieuwe vraagstukken actueel (met als gevolg dat de 'breedte' van het werkterrein van organisatieadviesbureaus toe zal nemen).

- *Een toenemende behoefte aan specifieke kennis en ervaring als gevolg van steeds complexere vraagstukken* (met als gevolg dat de 'diepte' van het werkterrein van organisatieadviesbureaus toe zal nemen. Dat verklaart tevens de opkomst van de MBA'er en de promovendus in het organisatieadvieswezen. De behoefte aan steeds specifiekere *skills* is manifest aan het worden).

- *De transparanter wordende grenzen van 'de' onderneming.* De management consultant manoeuvreert gemakkelijker, sneller en vaker op de grens tussen de interne en externe omgeving van een onderneming, een cliënt. Het oprukkende verschijnsel *outsourcing* fungeert in dit opzicht als een ferme bries in de rug.

- *De professionalisering van de leiding van veel ondernemingen.* Dit proces heeft tot gevolg dat sneller van externe professionals gebruik gemaakt wordt.

- *Het toenemen van de snelheid van besluitvorming.* De top van een onderneming wordt smaller. Flexibele management consultants staan de smallere top bij in plaats van niet-flexibele staven. Dit komt de kwaliteit en snelheid van besluitvorming ten goede.

2 DIENSTEN EN ORGANISATIEADVIES: WHAT'S IN A NAME?

2.1 Algemeen

2.1.1 Vooraf

Het concept 'diensten' kan vanuit verschillende invalshoeken bestudeerd worden. Wij zullen het concept 'diensten' vanuit twee invalshoeken kort belichten, te weten een macro-economisch perspectief en een micro-economisch perspectief. Hier staat het micro-economische perspectief centraal.

2.1.2 Een macro-economisch perspectief

In een samenleving kunnen economische activiteiten worden onderverdeeld naar activiteiten die in de primaire, secundaire of tertiare sector worden uitgevoerd. In sommige gevallen wordt een vierdeling gemaakt: primaire sector (landbouw), secundaire sector (industrie), tertiaire sector (diensten) en kwartaire sector (overheid). De primaire sector heeft het economische landschap tot aan het einde van de 19e eeuw gedomineerd. De secundaire sector domineerde tot en met het einde van de jaren '70.

Gedurende de afgelopen decennia is het belang van de tertiaire sector - gemeten in termen van het daarin werkzame deel van de totale beroepsbevolking - zeer snel toegenomen. De automatisering en de robotisering van de secundaire sector hebben een significante uitstoot van de factor arbeid tot gevolg gehad. In de hooggeïndustrialiseerde landen is het merendeel van de beroepsbevolking thans werkzaam in de tertiaire sector. De verwachting is dat aan de groei van deze sector -

andermaal vooral in termen van de werkgelegenheid - nog geen einde is gekomen.

Grootste werkgever anno 1995 ('marktaandeel')	
Commerciële diensten	45%
Overige diensten	27%
Openbare nutsbedrijven	0,7%
Land- en mijnbouw	5%
Bouw	5,2%
Industrie	17,1%
Bron: Ministerie van Economische Zaken (1996)	

Er wordt wel gesproken over een tertiairisering van de economie. Het bankwezen, het verzekeringswezen, de transportsector, de handel en het amusement verdringen traditionele sectoren als de metaalsector en de textielsector. Anderen gaan verder door te spreken van een ontwikkeling naar een diensteneconomie, de *post industrial society*: de dienstensector als vervanger van de industriële sector als pijler van welvaart en welzijn. Ook de bekende futuroloog Alvin Toffler spreekt voortdurend over de *information society* en de *post industrial society*, wanneer hij over de Amerikaanse, (West-)Europese en Japanse samenleving en haar economische activiteiten spreekt.

De inzichten van futurologen als Toffler zijn door veel onderzoekers genuanceerd. Menigeen kritiseert bijvoorbeeld de door Toffler opgeworpen these door te wijzen op het gebrekkige empirische bewijsmateriaal dat voorhanden is. De door hem geschetste ontwikkeling van een industriële naar een post-industriële samenleving wordt met andere woorden niet geobjectiveerd. De 'analyses' zijn op weinig robuust (lees: anekdotisch) bewijsmateriaal gebaseerd. Voorts verzuimt Toffler aan te geven wat hij onder 'diensten' verstaat. Daarmee wordt de begripsvaliditeit en de externe validiteit (ook wel 'generaliseerbaarheid' genoemd) van zijn inzichten/-boekwerken met voeten getreden.

Kortom: de post-industriële samenleving lijkt vooral een gedachtenconcept te zijn in plaats van een reëel concept. Samenvattend kunnen we niettemin stellen dat er overeenstemming bestaat over het volgende:

- De industriële sector en de dienstensector zijn onderling nauw verweven. Het onderscheid tussen de dienstensector en de industriële sector is in de loop van de tijd minder strikt geworden. Er vindt verindustrialisering plaats van de dienstensector en verdienstelijking van de industriële sector.

- In het verlengde van 1: De industriële sector wordt niet vervangen door de dienstensector. In Nederland mag dan meer dan 70 procent van de beroepsbevolking werkzaam zijn in de 'diensten', 'goederen' blijken nog steeds het fundament van de Nederlandse economie te zijn. Anders gezegd: diensten spelen een belangrijke rol in een nationale economische huishouding. Goederen blijven vooralsnog de hoofdrol spelen.

Spectrum van soorten dienstverleners

Diensten:

1. Gebaseerd op goederen:
a. Geautomatiseerd (vol-automatische autowasstraten);
b. Door relatief laag opgeleide medewerkers uitgevoerd (film-theater, stomerij, taxi);
c. Door relatief hoog opgeleide medewerkers uitgevoerd (luchtvaartmaatschappijen, computer time-sharing);

2. Gebaseerd op mensen:
a. Laag opgeleid (bewakingsdiensten);
b. Hoog opgeleid (recrutering, onderhoudsdiensten, loodgieter, catering-diensten);
c. Professionals (advocaten, management consultants, accountants).

Bron: Harvard Business Review (1995)

Het wordt duidelijk dat diensten niet langer als 'restcategorie' dan wel als *goods of a secondary type* kunnen en mogen worden opgevat. Deze constatering is een belangrijk vertrekpunt van dit schrijven. De discussies die de afgelopen jaren in het kader van de GATT/WTO werden gevoerd concentreerden zich dan ook niet onverwacht op onderwerpen die betrekking hadden op diensten (vanzelfsprekend in het bijzonder de internationale handel in diensten).

De opkomst van de multinationale dienstenonderneming is indicatief voor de verdienstelijking van de mondiale economie. Grote Europese dienstenondernemingen zijn bijvoorbeeld het Duitse Bertelsmann (media), het Britse Ladbroke (vrijetijdsmarkt), het Franse Hachette (media), het Italiaanse Finivest (media) van Berlusconi, het Brits-Nederlandse Reed-Elsevier (media) en het Belgische Wagon-Lits (reizen/catering).

2.1.3 Een micro-economisch perspectief

Gezien vanuit een micro-economisch perspectief blijkt de dienstensector in het bijzonder gekenmerkt te worden door ondernemingen die producten genereren in afwezigheid van fysieke transformatieprocessen.

Er bestaan echter meer verschillen tussen 'dienstenondernemingen' en 'goederenondernemingen'. Die verschillen zijn herleidbaar tot het voortgebrachte product: een dienst of een goed. Diensten worden bijvoorbeeld niet zelden op dezelfde plaats en op hetzelfde moment geproduceerd en geconsumeerd, worden daardoor in de regel niet opgeslagen, zijn moeilijk danwel niet te verhandelen en zijn 'immaterieel' c.q. 'ontastbaar'. (Je kunt ze niet 'op je tenen laten vallen'.) Voorbeelden van de simultane productie en consumptie zijn geldautomaten, kapsalons, vliegreizen en schouwburgvoorstellingen.

> **Voorbeelden van diensten**
>
> Accounting; Advertising; Agent; Architect; Banking; Broadcasting; Brokering; Communications; Construction; Consulting; Counseling; Design; Dispute settlement; Distribution; Education; Engineering; Entertainment; Export intermediary; Finance; Forecasting; Gambling; Healthcare; Household services; Information; Inspection; Insurance; Leasing; Legal Lodging; Maintenance; Management; Marketing; Personal services; Public relations; Renovation; Repair; Research; Security; Software; Staffing; Technical assistance; Technology licensing; Tourism; Training en Transportation.

De begrippen 'consumptie' en 'productie' zijn overigens moeilijk eenduidig te definiëren. Zo is het niet duidelijk wanneer de productie van een dienst is afgelopen en wanneer de consumptie van een dienst is begonnen. Belangrijke implicatie: inzichten die van toepassing zijn op industriële c.q. goederenondernemingen hoeven niet op te gaan voor dienstenondernemingen.

> **Karakteristieken van dienstenmarkten (een illustratieve top-10)**
>
> 1. Kwaliteit is voor de afnemer moeilijk meetbaar.
> 2. Product wordt pas 'geproduceerd' nadat het geleverd is.
> 3. Er zijn opvallend weinig gegevens (i.e. onderzoek) over diensten beschikbaar.
> 4. Branchevervaging is een inherent kenmerk van dienstensectoren.
> 5. Er vinden relatief weinig interventies van overheden plaats.
> 6. Het product heeft in beginsel geen restwaarde.
> 7. Technische expertise zet koper meestal ex ante op achterstand.
> 8. Groeitempo is doorgaans hoog, maar op-en-neergaand.
> 9. Kwaliteitsbeheersing is lastig voor de leverancier van een dienst.
> 10. Het handhaven van nauwe contacten met de afnemer is moeilijk. Dat zwengelt de concurrentiestrijd (significant) aan.

Het onderscheid tussen diensten en goederen is niet eenduidig. Dit heeft voor een belangrijk deel te maken met de diversiteit aan goederen en diensten en hun onderlinge interdependentie: er zijn veel verschillende soorten diensten en goederen en veel diensten hebben een goederencomponent en veel goederen hebben een dienstencomponent. Een ondubbelzinnig onderscheid tussen 'goederen' en 'diensten' is daarom niet te geven. Er wordt in dit kader door methodologen wel van een *misconception of homogeneity* gesproken.

Velen hebben reeds op deze weerbarstige - in essentie conceptuele - problematiek gewezen. Deze conceptuele problematiek vloeit met name voort uit de heterogeniteit van diensten. Het clusteren van de grote verscheidenheid aan diensten kan in deze problematiek een uitkomst bieden. Zijn we in staat 'diensten' te clusteren, dan zijn we eveneens in staat de ondernemingen die deze diensten voortbrengen in enkele categorieën onder te brengen.

We kunnen een onderscheid maken naar drie soorten van diensten:
- Op goederen gebaseerde diensten: diensten van organisaties actief in de handel, transport en opslag.
- Informatie- of informatiegerelateerde diensten: diensten van banken, verzekeringsmaatschappijen, communicatie-organisaties alsmede organisaties die kennis- en kundediensten voortbrengen.
- Consumentendiensten: organisaties die diensten voortbrengen ten behoeve van lichamelijke/medische/psychologische verzorging, recreatie etcetera.

Alle drie de soorten van diensten bieden een bepaald 'nut'. Op goederen gebaseerde diensten bieden een nut van plaats, tijd en assortiment. Informatie- of informatiegerelateerde diensten bieden een nut van kennis. Consumentendiensten bieden een nut van welzijn. Wij zullen ons hier concentreren op de tweede soort van diensten: informatie en informatiegerelateerde diensten in het algemeen en diensten voortgebracht door organisatieadviesbureaus in het bijzonder.

2.2 Terminologie

2.2.1 Inleiding

We willen in deze paragraaf kort stil staan bij drie belangrijke termen:
- Dienstenonderneming (2.2.2);
- Organisatieadviseur (2.2.3);
- (De) ondernemingsscope (van organisatieadviesbureaus) (2.2.4).

2.2.2 Dienstenonderneming

Ik versta onder een dienstenonderneming een economisch zelfstandige bedrijfshuishouding die een op een goed gebaseerde dienst, een informatie- of informatiegerelateerde dienst danwel een consumentendienst voortbrengt. De hier bestudeerde organisatieadviesbureaus zijn in deze conceptie 'dienstenondernemingen'.

De verschillen tussen dienstenondernemingen en goederenondernemingen spitsen zich toe op drie continua die lopen van:

- *Het al dan niet bestaan van een fysiek transformatieproces.* Goederenondernemingen kennen een fysiek transformatieproces. Dienstenondernemingen worden in mindere mate gekenmerkt door een fysiek transformatieproces. Diverse dienstenondernemingen hebben geen fysiek transformatieproces.

- *Het al dan niet tastbaar zijn van de output.* Goederenondernemingen houden zich bezig met het transformeren van inputs in tastbare outputs. De output van dienstenondernemingen is vaak niet-tastbaar.

- *Een 'lang' danwel 'kort' distributiekanaal.* In tegenstelling tot goederondernemingen hebben dienstenondernemingen overwegend korte tot zeer korte distributiekanalen. Vaak vindt een deel van de consumptie van een dienst plaats gedurende de distributie van die dienst. De verklaring hiervoor grijpt terug op hetgeen we eerder stelden: de korte distributiekanalen in de dienstensector zijn het gevolg van de (vrijwel) simultane productie en consumptie van de geleverde dienst. De productie en consumptie van een dienst zijn moeilijk van elkaar te scheiden en te onderscheiden: de producent van de dienst, de dienst en de afnemer van de dienst gaan niet zelden 'in elkaar op'. Dienstenondernemingen hebben in de regel als gevolg van de (overwegend) simultane productie en consumptie geen danwel een kleine voorraad. Voor goederenondernemingen is voorraadvorming een inherent onderdeel van de ondernemingsgewijze productie. De vaak langere distributiekanalen zijn hiervan de oorzaak en het gevolg.

2.2.3 De organisatieadviseur

Machiavelli schreef vele jaren geleden: "*Een heerser moet dus altijd overleg plegen, maar dan wel wanneer hij dat zelf wil en niet wanneer anderen dat willen. Integendeel, hij moet iedereen de lust ontnemen om hem ongevraagd van advies te dienen. Hij moet echter wel uitgebreid om raad vragen en dan daarna met betrekking tot wat hij gevraagd heeft, geduldig de waarheid aanhoren*".

En: "*Wanneer een heerser met meer dan een persoon in overleg treedt ... zal hij nooit eensluidende adviezen krijgen ... Men kan hieruit dan ook de conclusie trekken dat goede raadgevingen, van wie ook afkomstig, noodzakelijkerwijs hun oorsprong moeten vinden bij de intelligentie van de heerser, en niet dat de intelligentie van de heerser voortkomt uit goede raadgevingen*".

Praatpaal, hofnar, infotainer, spiegel, onpartijdige buitenstaander, biechtvader, sparringpartner, volksprediker, *hit-and-run manager*, schaduwbestuurder, *agent of change*, medicijnman, vertrouwenspersoon, regisseur, 'ongezouten waarheid-verteller', procesbegeleider, opleider, motivator, bedrijfseconomische brandweer, verlengstuk van de leiding? Om maar met de deur in huis te vallen: er bestaat geen algemeen aanvaarde definitie van 'de' organisatieadviseur. Een nadere specificatie is eigenlijk onmogelijk te geven. Verschillende organisatieadviseurs/onderzoekers presenteren uiteenlopende omschrijvingen. Dit varieert van 'enge' definities tot en met 'brede' definities. De centrale vraag lijkt vooral te zijn: waar leggen we de grens?

The Economist zei het in 1988 in een op 13 februari van dat jaar gepubliceerde *survey* treffend als volgt: "*Many people describe themselves as management consultants. But they will not accept each other's status. Defining consultancy is a bit like defining the upper class: every possible candidate draws the line just below himself. So the big strategy advisers disdainfully rule out accountants: both groups contemptuously exclude executive recruiters and headhunters; all three dismiss computer-software houses as glorified salesmen; and nobody but themselves counts in poor old public-relations agencies. Yet all are offering advice to managers.*"

Waarom management consultants?

Management consultants worden door het management aangetrokken om eenmalige vraagstukken aan te vatten en op te lossen, wanneer de leiding zelf:
- noodzakelijke kennis en ervaring mist;
- onvoldoende tijd en/of stafmedewerkers heeft om een vraagstuk tijdig aan te kunnen vatten en op te kunnen lossen;
- het oordeel van een buitenstaander wenst.

In beginsel voeren organisatieadviseurs op tijdelijke basis voor opdrachtgevers een gegeven taak uit. De relatie opdrachtgever - opdrachtnemer is vooraleerst complementair, nooit concurrerend. Meer specifiek hebben we het dan over zaken als:
- tijd - er kan veel tijd op een gegeven moment vrijgemaakt worden;
- objectiviteit - de organisatieadviseur heeft geen/weinig last van 'bedrijfsblindheid';
- toegankelijkheid - de organisatieadviseur kan vaak allerlei medewerkers van allerlei hiërarchische niveaus te spreken krijgen;
- ervaring - ten behoeve van het analyseren van vraagstukken/uitdagingen, en
- communicatievaardigheden - een organisatieadviseur kan bijdragen aan het bevattingsvermogen van de medewerkers van een organisatie/opdrachtgever door zijn manier van documenteren, presenteren en implementeren.

Nuttige functies van organisatieadviseurs kunnen in concreto zijn:
- ontwerper van een planningsproces;
- criticaster van basisveronderstellingen en heilige opvattingen;
- het benutten van een uitgebreid scala technieken en ervaringen;
- het bieden van flexibiliteit, capaciteit en verfrissende horizonverruimende objectieve (a-organisatiepolitieke)/subjectieve ('visies') inzichten.

Centraal in vrijwel alle definities staat de taakoriëntatie: de taak van de organisatieadviseur. Wat doet hij/zij zoal? De organisatieadviseur ontleent zijn legitimiteit aan wat hij (we spreken in het vervolg louter vanuit communicatief opzicht over de mannelijke adviseur) doet ofwel wat zijn rol annex functie is.

Daar ligt de vaak zo moeilijk te concretiseren toegevoegde waarde van een organisatieadviseur.

Organisatieadvieswerk of *management consultancy* is in dat verband een vorm van professionele dienstverlening dat erop gericht is om organisaties beter te laten functioneren. Dit uit zich in de regel in het verbeteren van de efficiëntie (de dingen beter doen) danwel de effectiviteit (betere dingen doen).

Organisatieadviseurs zitten in de problem solving business

Organisatieadviesbureaus willen aan managers/ondernemers zo helder mogelijk uiteenlopende beleidsmogelijkheden schetsen met de daaraan verbonden gevolgtrekkingen. Zij zijn in dat opzicht enigszins passief, want het is uiteindelijk een leidinggevende die bepaald of hij een geopperd advies al dan niet zal overnemen. Het blijft per slot van rekening 'advieswerk'. Anders gezegd: de organisatieadviseur wikt, de cliënt beschikt.

Niet iedereen is even blij met de komst van een organisatieadviseur danwel een organisatieadviesbureau. Dat is voorstelbaar, omdat de activiteiten van organisatieadviseurs doorgaans van invloed zijn op de status quo in een organisatie. Vooral staven zien de komst van een organisatieadviesbureau doorgaans met veel angst en beven tegemoet. Zij maken immers deel uit van de *overhead* en lopen dienaangaande het risico door organisatieadviseurs gekortwiekt te worden (waarna volgens vele stafmedewerkers de organisatieadviseur hun werk op een flexibele manier substitueert).

Organisatieadviseurs kunnen organisatieproblemen aanvatten en oplossen, omdat ze tot op zekere hoogte over een (quasi-)kennismonopolie beschikken. Ze hebben een kennisvoorsprong op organisaties die met een gegeven probleem kampen. Veelal formuleren ze louter het antwoord op een gegeven - van een probleem afgeleide - probleemstelling, soms voeren ze de bedachte oplossing daadwerkelijk uit. Soms doet men dat alleen, veel vaker in teamverband met enkele medewerkers van de met het probleem worstelende organisatie.

Basis elementen van het management consultingproces

1. Overeenstemming over de opdracht.
- Vrijblijvende oriëntatie (Waarom moeten wij het doen?)
- Voorbereidend onderzoek (Hoe gaan we het doen?)
- Interviews en discussies met de opdrachtgever (Hoe gaan we het doen?)
- Voorstel (Wat gaan we precies doen?)
- Overeenstemming (We zijn er uit wat we waarom en met wie gaan doen)

2. Uitvoering (basis-aanpak) van de opdracht.
- Probleem definitie
- Formuleer hypothesen
- Verzamelen en analyseren van feiten/visie
- Bevestigen/weerleggen van hypothesen
- Aanbevelingen
- Communicatie
- Implementatie

3. Het onderhouden van relaties.
- Zorg ervoor dat de aanbevelingen ook daadwerkelijk uitgevoerd worden
- Pas aanbevelingen aan veranderde (markt/technologische) omstandigheden aan
- Breng potentiële problemen in kaart
- Wees bereid en in staat om nieuwe uitdagingen aan te vatten (en op te lossen!)

Met inachtneming van het voorgaande ben ik van mening dat *de* organisatieadviseur nooit heeft bestaan, niet bestaat en naar alle waarschijnlijkheid nooit zal bestaan. Daarvoor is het door hem uitgevoerde werk nu eenmaal te divers.

Interne en externe organisatieadviseurs
Zowel interne als externe adviseurs kunnen organisatieadviezen verstrekken.

Interne organisatieadviseurs behoren tot een gegeven organisatie. Zij staan de organisatie met hun specifieke deskundigheid bij. Het grote voordeel van interne adviseurs is dat men over het algemeen beter in de informele organisatie is ingevoerd dan externe organisatieadviseurs. Daardoor hebben interne organisatieadviseurs toegang tot een belangrijke bron van kennis en ervaring, een bron die veelal niet danwel moeilijker voor externe organisatieadviseurs toegankelijk is. Dit kan het aanvatten en oplossen van een gegeven probleemstelling (het vertrekpunt van ieder organisatieadvies) vereenvoudigen danwel bespoedigen. Voorts kan de informatie (die niet zelden 'gevoelig' en 'strategisch' is) binnen de organisatie worden gehouden. Verder zijn interne organisatieadviseurs permanent beschikbaar en inzetbaar en in de regel goedkoper (onder meer geen inwerkperiode).

Dit laatste 'voordeel' kan soms meer dan gecompenseerd worden door de permanente aard van de functie. Een externe organisatieadviseur is immers een tijdelijke relatie. De kosten zijn in dat geval niet vast maar variabel. Dat kan in financieel opzicht een aardig verschil opleveren (in het voordeel van de externe organisatieadviseur wel te verstaan). Een ander nadeel is dat interne organisatieadviseurs doorgaans minder fris tegen bepaalde vraagstukken aan kijken (ook zij zijn vaak met het hardnekkige virus 'bedrijfsblindheid' besmet). Dat maakt het verstrekken van waardevrije adviezen tot een lastige exercitie. Dat komt de objectiviteit en daarmee de professionaliteit van de adviseur bepaald niet ten goede. Men gaat al snel op de tenen van de culturele status quo staan. Dat beperkt de manoeuvreerbaarheid en daarmee de effectiviteit van de adviseur.

In dat geval komt de externe organisatieadviseur in het vizier. De externe adviseur maakt deel uit van een bureau of is als zelfstandige (alleen danwel via een *network approach*) operationeel. Hij heeft in de regel een bredere kennis- en ervaringsbasis vanwaaruit hij opereert. Dat maakt het mogelijk om tot creatieve oplossingen te komen, oplossingen die voor de interne organisatieadviseur veelal niet haalbaar zijn. Dat kan de originaliteit en kwaliteit - en daarmee de toegevoegde waarde - van de adviezen ten goede komen. Voorts hoeven externe organisatieadviseurs zich in de regel minder 'politiek' te gedragen. De externe organisatieadviseur begeeft zich altijd in een arena waarin politieke processen als 'macht' een belangrijke rol spelen. Interne organisatieadviseurs spelen daarin vaak een actieve rol. Externe organisatieadviseurs zijn veel meer 'toeschouwer' in plaats van 'speler'. Het inhuren van een extern organisatieadviesbureau komt veelal (lees: dus niet altijd) de onafhankelijkheid en objectiviteit ten goede.

We zullen ons in het verdere verloop van deze studie in eerste aanleg inlaten met de ontwikkelingen die vooral de externe organisatieadviseurs raken. De factor 'onafhankelijkheid' is doorslaggevend geweest bij het maken van deze (te betwisten) keuze.

Inhoudelijke verschillen
De relatie tussen de extern adviseur/opdrachtnemer en de cliënt/opdrachtgever wordt gekenmerkt door: vertrouwelijkheid, (relatieve) onafhankelijkheid (over en weer), vrijwilligheid, professionaliteit en tijdelijkheid (waarbij het vanzelfsprekend niet is uitgesloten dat er *repeat business* uit voort kan vloeien).

Globaal blijken organisatieadviseurs bijna altijd tot een van de volgende twee benaderingen te horen:
- De inhoudelijke benadering (waarbij de organisatieadviseur vooral als een probleemoplosser wordt gezien).
- De procesbenadering (de organisatieadviseur ziet zich in dat geval vooreerst als een intermediair die het probleemoplossend vermogen van de organisatie vergroot).

Organisatieadviseurs die tot de eerste groep behoren staan bekend om hun vuistdikke rapporten. De tweede groep organisatieadviseurs beperkt zich in de regel tot enkele A-viertjes en een omvangrijke stapel *sheets*. De eerste groep concentreert zich vooral op het eindrapport. De tweede groep concentreert zich in het bijzonder op de tussenrapportages (de *progress reviews*).

Inherente beperkingen van management consultants

1. Geen pretentie van volledigheid.
2. Geen bedrijfskundig panacee.
3. Resultaat sterk afhankelijk van inzet en betrokkenheid cliënt.

2.2.4 Ondernemingsscope

Het geheel aan activiteiten van een onderneming noemen we wel de ondernemingsscope. Andere omschrijvingen van ondernemingsscope zijn de scope, de activiteitenscope, het werkterrein, de activiteitenrange en het domein.

Organisatieadviesbureaus zijn qua ondernemingsscope moeilijk van elkaar te onderscheiden. Gebruikelijk - hoewel omstreden - is de indeling in bedrijfseconomische adviesbureaus en gedragswetenschappelijke adviesbureaus:

- De eerste bureaus kijken meer naar de *hardware* van organisaties. Factoren als financieel-economische ratio's, strategie, structuur, informatie-systemen en dergelijke behoren tot het jargon van die adviesbureaus.
- De tweede groep bureaus kijkt meer naar de *software*, zaken als cultuur, de informele organisatie (i.e. zaken gelieerd aan 'politiek', 'macht' en 'bureaucratie') en de veranderingsprocessen die zich binnen organisaties voltrekken danwel nodig zijn.

Management consultants en teleurstellingen

Teleurstellingen zijn vaak terug te voeren op:
1. Inschakeling op oneigenlijke gronden.
2. Het overschatten van de kennis en ervaring van de management consultant.
3. De oplopende kosten, verband houdend met het omvangrijke tijdsbeslag om voldoende gegevens van, voor en over de cliënt te vergaren.

Kijken we naar de aard van de ondernemingsscope en de veranderingen die daarin hebben plaatsgehad, dan kunnen we gevoeglijk stellen dat er de afgelopen decennia een generieke verschuiving heeft plaatsgevonden van opdrachten in de private sector naar opdrachten in de publieke sector en in de private sector een specifieke verschuiving van industriële ondernemingen en handelsondernemingen naar dienstenondernemingen. Het midden- en kleinbedrijf (MKB) blijft tot op de dag van vandaag een relatief braakliggend terrein voor organisatieadviesbureaus.

Type consultancy dienst Nederland (1996)

IT	45 procent
Human Resources Management	15 procent
Strategy	12 procent
Operations	12 procent
Finance (inclusief Corporate Finance)	8 procent
Marketing&sales	5 procent
Overig	3 procent
Totaal	*100 procent*

Deze percentages zijn de gemiddelde uitkomst van een Delphi-onderzoek waarbij aan 50 verschillende - niet tot hetzelfde (soort) adviesbureau behorende - organisatieadviseurs werd gevraagd hoe de verdeling van de Nederlandse organisatieadviesmarkt er uiteengelegd naar dienst uit ziet.

Bron: *JRC International (1996)*

3 HET NEDERLANDSE ORGANISATIEADVIESWEZEN

3.1 Algemeen

Nederlandse organisaties blijken in hoge mate advies-*minded* te zijn. Het Nederlandse organisatieadvieswezen heeft twee in het oog springende kenmerken: (1) er zijn veel organisatieadviseurs actief en (2) er zijn veel verschillende soorten organisatieadviseurs actief.

Het aantal Nederlandse organisatieadviseurs spreekt tot de verbeelding. Nederland telt medio 1997 meer dan 50.000 bij de Kamers van Koophandel ingeschreven bedrijven die zich bezighouden met het verstrekken van organisatieadviezen (in de meest brede zin van het woord wel te verstaan). De Nederlandse situatie is in zeker opzicht uniek. Een opdrachtgever kan zich zelfs door een adviseur laten adviseren met welke adviseur hij in zee moet gaan (...).

De ervaring en kennis van individuele adviseurs loopt doorgaans ver uiteen. Iedere consultant heeft een eigen ervarings- en kennisprofiel. Werd het organisatieadvieswezen tot voor kort nog bemenst door ingenieurs en economen, sinds een tiental jaren kunnen ook sociologen, juristen, filosofen, psychologen, wiskundigen, antropologen in menig organisatieadviesbureau worden aangetroffen. In zeker opzicht begrijpelijk: organisaties hebben ieder hun eigen (veelal unieke) problemen. Ieder probleem behoeft een daarop toegesneden deskundige die zijn deskundigheid op het gesignaleerde probleem kan botvieren. Organisatieadviseurs kunnen - in het verlengde daarvan - veel verschillende rollen spelen. Voorts is het vak voortdurend in ontwikkeling. Verschillende tijden vragen om verschillende *problem solvers*.

Landen met de oudste adviestraditie blijken het meeste adviseurs per miljoen inwoners te hebben. In de Verenigde Staten, Groot-Brittannië en Nederland zijn ongeveer 350 organisatieadviseurs per miljoen inwoners actief. Ook landen als Frankrijk, Canada, Italië en Duitsland hebben een hoge adviesdichtheid. De redenen hiervoor lopen nogal uiteen. De behoefte in Nederland aan consensus (het 'harmoniemodel' met in het verlengde daarvan de behoefte aan een *second opinion*) en het consequent afstoten van taken van staven van ondernemingen (in het bijzonder de strategische staven) en overheidsorganisaties lijken de belangrijkste redenen te zijn. In andere landen zijn overeenkomstige redenen van toepassing.

De snelle groei van de naoorlogse economie, de hoge mate van acceptatie van de organisatieadviseur, het feit dat Nederland een van de meest uitgesproken verzorgingsstaten is en het feit dat in Nederland in beginsel iedereen het bordje 'organisatieadviseur' op zijn deur kan timmeren (de toetredingsdrempel is laag) fungeerden als gunstig economisch draagvlak voor de ontwikkeling van een bloeiend organisatieadvieswezen.

Kosten extern advies

Bedrijven die hun markt of organisatie laten doorlichten door een extern adviesbureau zijn daaraan gemiddeld 20.000 gulden kwijt. Dat bleek uit een onderzoek van het financiële vakblad *Rendement*, uitgevoerd in 1993. Organisatieadviseurs verdienen daarmee naar alle waarschijnlijkheid minder dan zij zelf denken. De enquête werd gehouden onder 110 ondernemingen in de industrie, de bouw en de zakelijke dienstverlening (de belangrijke overheidsmarkt werd dus niet meegenomen).

In 1992 gaf 45 procent van de ondernemingen minder dan 50.000 gulden uit aan advies. Van de bedrijven die daar bovenuit komen besteden ondernemingen in de industrie tussen de 100.000 en 125.000 gulden aan adviseurs, terwijl de uitgaven van de handelsbedrijven tussen de 50.000 en 100.000 gulden schommelen. Grote uitschieters vormen banken en verzekeraars met opdrachten van vaak boven de half miljoen gulden. Bij 79 procent van de bedrijven kost de adviseur meer dan afgesproken. Over extra kosten zijn in 46 procent van de gevallen geen afspraken gemaakt.

Dat neemt niet weg dat de zeer hoge groeicijfers van de jaren '80 al weer enkele jaren achter veel bureaus liggen. Groeipercentages van 15 procent per jaar zijn eerder uitzondering dan regel. De markt van organisatieadviezen groeit momenteel om en nabij de 5 procent per jaar. Volgens veel *insiders* zal de marktgroei over enkele jaren weer het niveau van de jaren '80 bereiken. De volgende zaken zijn hier volgens hen verantwoordelijk voor:
- de algemene trend om meer uit te besteden (ook onder organisatieadviesbureaus);
- de algemene tendens om vaker privatiseringen voor te bereiden (en uit te voeren);
- de trend om productie- en productgeoriënteerde organisaties meer *market minded* te maken.

Negatieve variabele kosten

Het organisatieadvieswezen wordt gekenmerkt door een merkwaardig fenomeen: negatieve variabele kosten. Wanneer de staf onderbezet is zullen variabele kosten operationeel blijven. Die kosten zijn vaak hoger dan organisatieadviesbureaus vantevoren inschatten. Reiskosten, literatuurkosten, congreskosten (om maar enkele soorten variabele kosten te noemen) blijven actueel. Naarmate de orderportefeuille aantrekt zullen variabele kosten in toenemende mate aan de cliënt toegerekend kunnen worden. Ergo: negatieve variabele kosten.

Het plaatsen van een nuance is echter noodzakelijk. Een kijkje over de geografische grenzen is wat dat betreft leerzaam. De Amerikaanse economische praktijk ligt vaak enkele jaren voor op de Europese en dus Nederlandse praktijk en is daarmee vaak een treffend voorbeeld van wat we hier kunnen verwachten. In de Verenigde Staten hebben momenteel twee manifeste bewegingen plaats:
- Een sterke groei van de grote en zeer kleine *strategy consultants* en IT-gelieerde organisatieadviesbureaus (i.e., Andersen Consulting).
- Een afvlakkende groei van de traditionele *niche players* (als Arthur D. Little/ADL) en relatief jonge,

zeer snel gegroeide IT-gelieerde organisatieadviesbureaus (als CSC Index en Gemini Consulting).

Voorzichtige boodschap: een organisatieadviesbranche overwegend bestaande uit organisatieadviesbureaus die klein maar hoogwaardig zijn danwel organisatieadviesbureaus die groot en een goed uitgekristalliseerd specialisme praktiseren zal naar alle waarschijnlijkheid over de gehele linie aantrekkelijke groeicijfers blijven laten zien. Vooral middelgrote organisatieadviesbureaus lijken het slachtoffer van het succes op bedrijfstakniveau te worden. We zullen daar verderop in deze studie nog uitgebreid op in gaan.

3.2 Soorten adviesbureaus

Organisatieadviesbureaus zijn er in vele soorten en maten. Er vissen dan ook veel organisatieadviesbureaus in de vijver van zeer uiteenlopende adviesopdrachten (hetgeen overigens het afbakenen van 'de organisatieadviesmarkt' danwel 'het organisatieadvieswezen' er bepaald niet eenvoudiger op maakt).

Globaal kan een onderscheid aangebracht worden tussen de volgende zes groepen:
- Amerikaanse mega-adviesbureaus als McKinsey&Company, Arthur D. Little (ADL), de Boston Consulting Group (BCG), Bain&Company en Booz, Allen&Hamilton (BAH);
- Multinationale accountantsketens als KPMG, Moret, Ernst&Young (MEY), Coopers&Lybrand (C&L), Arthur Andersen/Andersen Consulting, Deloitte Touche Tohmatsu (DTT) en Price Waterhouse;
- Middelgrote primair op Nederland gerichte bureaus als Berenschot, Twijnstra Gudde en Bakkenist Management Consultants die soms in een internationaal netwerk zitten;
- Kleine tot middelgrote op Nederland gerichte niet-gespecialiseerde bureaus als de Holland Consulting Group (Organisatieadviesgroep Nederland), Rijnconsult en het Utrechtse VODW.
- Kleine tot middelgrote, gespecialiseerde niet zelden internationaal actieve bureaus als Boer&Croon Manage-

ment Consultants (strategy consulting), JRC International (board room consulting) en GITP (human resources consulting).
* Zelfstandige organisatieadviseurs.

Omzet Nederlandse consultants	
Firma	*Omzet*
KPMG	154
C&L	96
MEY	95
Twijnstra Gudde	92,8
Berenschot	59,6
Andersen Consulting	55
McKinsey&Company	52,7
Bakkenist Management Consultants	26
ADL	22
AT Kearney	17,7
BCG/HdK	16
Rijnconsult	13,5
Deloitte&Touche	12

Bron: *Lafferty Publications (1995)*

Het is op deze plaats interessant nader bij de laatste, want meest diverse, groep organisatieadviseurs stil te staan. De eerste vijf groepen klinken ons bovendien bekend in de oren. Daarbij kunnen we ons iets concreets voorstellen. Dat is bij de laatste categorie organisatieadviseurs allesbehalve het geval. Er zijn dan ook uitermate veel zelfstandige organisatieadviseurs actief op de Nederlandse markt. Een *educated guess* leert dat ongeveer 20 procent van alle in Nederland actieve consultants zelfstandig opereert. Daar zijn diverse, in de regel weinig objectieve verklaringen voor.

De meest actuele en objectieve verklaring van de afgelopen jaren is de opkomst van de ex-*executive* danwel manager. Veel hooggekwalificeerde organisatiemedewerkers zijn de afgelopen twee decennia via afslankingsoperaties buiten de muren van de machtscentra van doorgaans grote ondernemingen beland. Ongeveer 15 tot

20 procent van die ex-toppers komen in het organisatieadviescircuit terecht.

Consultancy is dan ook veel populairder dan het opstarten van een eigen productiebedrijf, een transfer naar een andere onderneming (in een soortgelijke positie) danwel het aanvatten van een uitdaging in de kwartaire sector. Veel van dergelijke organisatieadviseurs krijgen een pakket opdrachten van hun voormalige werkgever mee. Voor de voormalige werkgever heeft dit prettige bijgevolgen: vaste (loon)kosten worden variabele, en dus beter te beheersen (consulting-) kosten. Tegelijkertijd krijgen zij zeer gemotiveerde consultants tegenover zich, consultants die bovendien goed zijn ingevoerd in de specifieke bedrijfs- en bedrijfstakgeheimen. Implicatie: relatief lage kosten voor de opdrachtgever, korte inwerkperioden en een doorgaans alleszins acceptabel kwaliteitsniveau.

SWOT van organisatieadvieswezen

Sterkte	*Zwakte*	*Kansen*	*Bedreigingen*
Lage instapdrempel	Beroep niet beschermd	Internationalisatie IT	Concurrentie Druk op de tarieven
Startkapitaal laag	Architectuur organisatie	Individuele reputatie belangrijk	Branchevervaging
Markt beslist	Ontransparant		
Dynamiek	Afhankelijkheid van de cliënt	Internet	Betere kennis van de cliënt
Creativiteit		Complexiteit neemt toe	Kosten IT hoger

Doordat het aantal zelfstandige consultants zo groot is, is de concurrentie fel. Veel van de zelfstandige consultants zijn om die reden lid van een beroepsorganisatie als de OOA. Feit blijft niettemin, dat het organisatieadvieswezen een uitermate onzeker bestaan voor hen blijft. Immers, ieder organisatieadviesbureau, of we nu over een 'éénpitter' of over een mega-kantoor spreken, staat in principe een half jaar af van haar faillisement. Het begrip voorraadvorming heeft in het organisatieadvieswezen dan ook geen enkele betekenis. Het bureaumanagement is een hard vak dat men niet van vandaag op morgen onder de knie heeft. Dat geldt in het bijzonder voor de zelfstandige organisatieadviseur, omdat hij niet alles tegelijkertijd kan doen. Op je tenen lopen gedurende een opdracht en alle tijd nemen om koud te acquireren is er veelal niet bij. Om nog maar niet te spreken over de kwetsbaarheid van de zelfstandige organisatieadviseur. Diversificatie over meerdere organisatieadviesdeelmarkten komt *nicht im Frage*.

Terugkomend op de voornoemde groepen adviesbureaus: zij bedienen de markt middels een breedte- danwel een dieptestrategie. Namelijk:

• Bureaus met een breedtestrategie leveren vrijwel alle soorten adviesdiensten. We kunnen die bureaus *multiservice firms* noemen. Het zijn generalisten. Zij voorzien vooral in confectie, al zullen ze dat zelf niet zo snel toegeven. De multinationale accountantsgroepen en de (middel)grote nationale organisatieadviesbureaus leggen zich in het bijzonder toe op het toepassen van de breedtestrategie. Hetzelfde geldt in zeker opzicht voor de vierde groep organisatieadviesbureaus (i.e., de kleine tot middelgrote niet-gespecialiseerde primair op Nederland georiënteerde organisatieadviesbureaus).

• Bureaus die een dieptestrategie hanteren zijn gespecialiseerd in het geven van adviezen op een nauwkeurig afgepaald beleidsterrein, bijvoorbeeld het terrein van de strategievorming danwel het personeelsbeleid (*human resources management*). De grote Amerikaanse organisatieadviesbureaus en de kleine, gespecialiseerde Nederlandse adviesbureaus behoren tot deze categorie. Het merendeel van de zelfstandige organisatieadviseurs behoort eveneens tot deze categorie. Het zijn de *niche players* van het organisatieadvieswezen, de specialisten. Zij voorzien in een reeks maatpakken. Het gaat dan ook om boetiek-achtige bureaus. Bij hen zijn de namen van de organisatieadviseurs uitermate belangrijk. De reputatie van een 'naam' is niet zelden de kurk waar de specialistische bureaus op drijven. Bij de generalisten speelt dit in iets mindere mate, hoewel ook hier meer dan ooit gestreefd wordt naar het aantrekken van adviseurs met een hoge mate van zichtbaarheid en een indrukwekkend adviesverleden (lees: *track record* en relatienetwerk).

Breedtestrategie: KPMG

Het voorbeeld bij uitstek van een organisatieadviesbureau met een breedtestrategie is KPMG. KPMG biedt een uiterst divers pakket consultancy-diensten aan. We zullen daar nog uitvoerig op in gaan.

KPMG Integrity Consulting is een van de laatste loten aan de KPMG-stam. Het is een adviespoot, actief op het gebied van ethisch ondernemen. KPMG Integrity Consulting verschaft ondernemingen en overheidsorganisaties adviezen op het terrein van ondernemingsethiek en integriteit. Het uiteindelijke doel is de morele weerbaarheid van een (non-)profitorganisatie vergroten. In goed Nederlands: het voorkomen respectievelijk het verminderen van de kans op fraude en corruptie. Volgens KPMG leidt het verbeteren van de integriteit tot lagere kosten. Het vergroten van de integriteit van een onderneming leidt tot een beter imago en een betere sfeer op de werkvloer.

KPMG Integrity Consulting denkt de integriteit op verschillende manieren te kunnen verbeteren. Enkele voorbeelden: het opvoeren van integriteit op de agenda van het werkoverleg en het formuleren en instellen van gedragscodes.

De praktijk heeft geleerd dat er voor beide soorten adviesbureaus ruimte is. Dat heeft voor een belangrijk deel met een inherent kenmerk van het advieswezen te maken. Het gaat in het organisatieadvieswezen vooral om de vent en pas in tweede instantie om de tent waarvoor gewerkt wordt. Dat is vooral goed merkbaar bij het kiezen van een organisatieadviesbureau.

3.3 De bureaukeuze

De keuze van een organisatie voor een gegeven organisatieadviesbureau wordt door vele factoren gevoed. De drie belangrijkste factoren zijn (in willekeurige volgorde): (1) de adviseur, (2) eerdere ervaringen met een gegeven organisatieadviesbureau, en (3) de door een bureau gehanteerde aanpak c.q. diagnosemethode.

De persoon van de adviseur is voor de cliënt vaak doorslaggevend. Hij zal het probleem moeten aanvatten en oplossen. De factor prijs is niet voor niets in de meeste gevallen van secundair belang. De dwingende vreemde ogen van de organisatieadviseur zijn een veel bepalender factor. Kwalitatief hoogwaardige bureaus beschikken veelal over een danwel meer organisatieadviseurs die in conceptueel opzicht voor de muziek uitlopen.

Zij zijn veelgevraagd, omdat ze regelmatig in de pen klimmen en hun visie danwel mening over een algemeen danwel specifiek organisatievraagstuk op een toegankelijke en begrijpelijke manier weten te ventileren. Dergelijke adviseurs zijn belangrijke *marketing tools*. Een organisatieadviesbureau krijgt er 'meer smoel' door. De meeste opdrachten worden echter niet door één (top)adviseur uitgevoerd. De *team approach* domineert het advieslandschap.

De team approach

Bij de *team approach* werken meerdere organisatieadviseurs aan een opdracht. Dat heeft zo zijn voordelen. Adviseurs die in teamverband opereren kunnen namelijk een sluipende en disfunctionele vorm van vooringenomenheid bij elkaar signaleren en op deze wijze tijdig ondervangen. Het toetsen en nuanceren van sommige opvattingen/stellingnames komt vaak de kwaliteit van het advies ten goede.

Vandaag de dag wordt steeds vaker in teamverband met een aantal medewerkers van de opdrachtgever samengewerkt. Dit heeft in eerste aanleg te maken met het inbedden en consolideren van de vertrouwensrelatie. Het uitgebrachte eindadvies verkrijgt er voorts een quasi-bindend verklaring door, hoewel dit ex ante vaak niet de bedoeling is. Het opnemen van *insiders* heeft verder als voordeel dat het adviesbureau zich tegen een onzorgvuldige implementatie kan indekken. Het zijn immers over het algemeen de aangetrokken *insiders* die daarvoor uiteindelijk (mede)verantwoordelijk zijn. Het merendeel van de organisatieadviesbureaus houdt zich (nog steeds) niet bezig met de implementatie van de adviezen, hoewel op dit punt wel enige veranderingen merkbaar zijn. De opkomst van het *interim management* illustreert dit treffend.

Bron: *JRC International (1995)*

Er zijn meerdere factoren die meespelen bij het bureaukeuzeproces. De keuze voor een bureau wordt in de praktijk in sterke mate bepaald door eerdere ervaringen. Organisaties selecteren eerder een organisatiebureau op grond van vroegere eigen ervaringen (vuistregel: ongeveer tweederde van de opdrachten van kwalitatief goede organisatieadviesbureaus is afkomstig van eerdere cliënten) en ervaringen van anderen. Nieuwe *seniors* danwel *managing partners* worden juist om deze reden in eerste aanleg op basis van de door hen opgedane ervaringen met cliënten gescreend en al dan niet aangetrokken. (In het meest ideale geval brengen dergelijke senior organisatieadviseurs omvangrijke productieve netwerken van cliënten in. Dit vereenvoudigt het binnenhalen van nieuwe adviesopdrachten aanzienlijk. Het acquireren van nieuwe, aantrekkelijke opdrachtgevers is aanzienlijk moeilijker dan het behouden van een reeds opgebouwde portfolio cliënten. Het *senior-*

gehalte van organisatieadviesbureaus is de afgelopen jaren niet voor niets belangrijker geworden).

Tenslotte spelen de gehanteerde diagnosemethoden een belangrijke rol. Ook aan de hand daarvan kan een organisatieadviesbureau geëtiketteerd worden c.q. kan de keuze van een cliënt op een gegeven bureau vallen. Het organisatieprobleem moet immers naadloos op de vaardigheden - vaak vervat in diagnosemethoden - van een bureau aansluiten. Niet alleen de cliënt (de kans op het oplossen van het gerezen probleem is het grootst) maar ook het adviesbureau (via reputatie-initiërende/bevestigende mond-op-mond-reclame) is daarmee gebaat.

Een keuze baseren op de gebruikte diagnosemethode is overigens niet eenvoudig. Er bestaan veel verschillende diagnosemethoden en dus vele soorten bureaus. Het organisatieadvieswezen is vooral daardoor een van de meest gefragmenteerde bedrijfstakken. De (kwaliteit van de) adviseurs, de eerder opgedane ervaringen en de gehanteerde (liefst zelf ontwikkelde, want daardoor originele) diagnosemethoden zijn in belangrijke mate verantwoordelijk voor de identiteit van een organisatieadviesbureau. En een duidelijke, onderscheidende en krachtige *corporate identity* is belangrijk, omdat het bepalend is voor het concurrentiële weerstandvermogen. Alleen dan zijn organisatieadviesbureaus in staat een vuist te maken tegen de - hierna te behandelen - diversiteit van trends (samen een 'concurrentieveld' vormend), die in veel gevallen eerder een bedreiging dan een aantrekkelijke uitdaging vormen.

4 BRANCHEVERVAGING

4.1 Algemeen

Sinds het begin van de jaren tachtig is schaalvergroting in het organisatieadvieswezen een *hot item*. De bordjes op de pui van veel bureaus worden in hoog tempo verwisseld. Dat heeft niet in het minst te maken met de opkomst van nieuwe partijen in het organisatieadvieswezen.

Het verschijnsel 'branchevervaging' beperkt zich niet tot het bank- en verzekeringswezen. Ook de grenzen tussen het organisatieadvieswezen en aanpalende segmenten van de dienstensector vervagen. Dat geldt in het bijzonder voor de grenzen tussen organisatieadviesbureaus en:
- automatiserings/softwarebureaus;
- accountancybureaus;
- marktonderzoeksbureaus;
- bedrijfswetenschappelijke instellingen.

4.2 Automatiseringsbureaus

Op het scheidsvlak van twee groeiende bedrijfstakken is het vaak goed toeven. Dat vindt ook het grote Utrechtse automatiseringsbedrijf Cap Volmac. Cap Volmac is momenteel druk in de weer met de omvorming van een zuiver softwarebedrijf in een software/consultancybedrijf. De organisatieadviespoot moet medio 1998 eenkwart aan de jaaromzet (thans 12 procent) bijdragen. Cap Volmac heeft een voorkeur voor een strategische alliantie met een gerenommeerd organisatieadviesbureau. Op die manier valt een vliegende start te maken. Men kan dan van de omvangrijke ervaring en de reputatie van zo'n bureau profiteren.

Omzetverdeling Cap Volmac (1994)		
Activiteit	*mln*	*%*
Automatiseringsprojecten	595,0	73,3
Consultancy	114,5	14,1
Informatiesystemen-management	32,1	4,0
Educatie en training	30,9	3,8
Software producten	23,9	2,9
Hardware e.a.	15,5	1,9

Bron: Cap Volmac

De bekende adviesbureaus zien daar vooralsnog weinig heil in, vooral omdat ze geen 'win-win'-relatie in het verschiet zien liggen. Zij trekken - indien nodig - bij voorkeur zelf mensen met kennis van de IT-branche aan om zo het automatiseringsdeel van hun opdrachten uit te kunnen voeren.

De verwachting is echter gewettigd dat de automatiseringsbedrijven en de organisatieadviesbureaus in toenemende mate met elkaar zullen gaan samenwerken. Ook organisatieadviesbureaus moeten dansen in het ritme van de markt. Veel organisatieadviesbureaus kunnen maar moeilijk uit de voeten met opdrachten met een forse informatie-technologische component. Ook ondernemingen en overheidsorganisaties kunnen niet langer om fenomenen als de informatiesnelweg en de digitalisering van de (bedrijfs)samenleving heen.

> **Stuwende krachten van de IT-gelieerde consultancy**
>
> 1. Steeds snellere technologische veranderingen en discontinuïteiten.
> 2. Toenemende complexiteit van economische en bedrijfskundige transacties.
> 3. Het aantal IT-opties neemt zeer snel toe.
> 4. Het topmanagement vindt IT vaker dan voorheen een strategisch onderwerp waar de nodige aandacht aan gespendeerd moet worden.
> 5. De opkomst van IT-gerelateerde trends als *business process redesign* en *reengineering*.
> 6. Demystificatie van alles wat met IT te maken heeft.
> 7. IT wordt veel minder vaak dan voorheen als een geïsoleerde activiteit gezien.
> 8. IT is een belangrijk onderwerp geworden, gedoceerd op belangrijke *business schools*, de hofleveranciers van diverse organisatieadviesbureaus.

In de Verenigde Staten neemt een dochter van het automatiseringsbedrijf Cap Sogeti Gemini, Gemini Consulting, inmiddels een prominente plaats in in de eredivisie van het Amerikaanse organisatieadvieswezen (Sogeti, de Franse 'kern', acquireerde in het begin van de jaren '90 het ene na het andere organisatieadviesbureau. Enkele namen: Gamma International (1990), United Research (1990) en de MAC Group (1991)). Ook IBM, AT&T en DEC hebben in de Verenigde Staten kwalitatief alleszins aansprekende adviesbureaus uit de grond gestampt. Cap Volmac, eveneens een dochteronderneming van Cap Sogeti Gemini, heeft nog niet zo lang geleden aan haar moeder gevraagd om een twintigtal van haar topconsultants naar de Benelux over te hevelen, teneinde op deze manier aan geloofwaardigheid te winnen. Die adviseurs hebben vooral een *leverage*-functie. Ze moeten de markt van organisatieadviezen voor Cap Volmac openbreken.

Mogelijke toekomstige ontwikkelingsrichtingen van enkele bekende IT consultancies

Andersen Consulting
Andersen Consulting wil samen met EDS de Europese markt voor IT consultancy domineren. De *strategy consulting*-markt zal agressief gepenetreerd worden. Dat de factor informatie ook in het segment *strategy consulting* steeds belangrijker wordt, maakt een en ander gemakkelijker uit te voeren. Andersen Consulting zal een solide en kwalitatief hoogwaardige relatie tussen IT en *strategy consulting* kunnen leggen. De enorme voorsprong van Andersen op IT-terrein (in vergelijking tot de meer 'klassieke' *strategy consultants*) maakt het mogelijk toetredingsbelemmeringen te effectueren.

Cap Gemini
Zal in toenemende mate het voorbeeld van Andersen Consulting volgen. Cap Gemini zal echter eerst proberen een solide positie op de Amerikaanse markt op te bouwen. Cap Gemini heeft het momenteel bepaald niet gemakkelijk op de Amerikaanse markt. Pas daarna zal ook Europa en Azië met de geldingsdrang van dit kantoor te maken krijgen.

CSC Index
Na de zeer snelle groei in het begin van de jaren negentig zullen de uitvinders van het *buzzword* van de jaren negentig, *reengineering*, eerst intern een en ander op orde moeten brengen. Ook in het organisatieadvieswezen geldt: *structure follows strategy*. Daar komt nog bij dat CSC Index thans naarstig op zoek is naar een nieuwe wervende managementfilosofie. De basis voor een succesvolle expansie op de Europese markt in het algemeen en de Nederlandse markt in het bijzonder lijkt vooralsnog (te) smal te zijn. Het effectueren van acquisities zou wat dat betreft uitkomst kunnen bieden.

EDS
EDS is een zeer agressieve partij die met de acquisitie van AT Kearney een voet tussen de deur van enkele aansprekende *boardrooms* van Fortune 500 ondernemingen heeft gekregen. EDS kan zowel concurreren op basis van prijs (onder de naam EDS) als op basis van toegevoegde waarde (via AT Kearney). De in het verlengde daarvan liggende kwalificatie 'moeilijk te bestrijden veelkoppig monster' lijkt op zijn plaats te zijn.

Cap Volmac is vastberaden om van de nieuwe marsroute een succes te maken. Men wil daarvoor stevig in de beurs blazen. De openlijke zoektocht naar een partner met als motto 'blijven kappen, dan gaan ook de grootste bomen om' geeft aan dat het bedrijf de ambitie heeft om op een duurzame manier de richting van het organisatieadvieswezen in te slaan. Dat de marges in het advieswerk hoger zijn en dat de cliënt veel meer wordt gebonden zijn stevige stokken achter de op een kier staande deur. Getronics, RCC en BSO Origin delen de strategische visie van collega Cap Volmac. Niet fusies maar acquisities (i.e. zeggenschap) lijken - gezien de heersende cultuurkloof - het antwoord te zijn.

Onderzoeksbureau IDC stut de ambities van de automatiseringsbureaus. Volgens IDC verdringt hoogwaardige advisering op het gebied van automatisering hardware-onderhoud als primaire bron van inkomsten. Belangrijke stuwende krachten zijn ondermeer de (op stapel staande) aanpassingen van de informatie-architectuur van veel *profit-* en *non-profit* organisaties die in feite neerkomen op *downsizing*-exercities en de opkomst van *client/server*-systemen. Dat de marktgevoede vraag naar niet alleen de meer technisch-inhoudelijke consultancy toe zal nemen ligt voor de hand. Die ontwikkeling heeft volgens IDC niet alleen te maken met de aantrekkelijkheid van de consultancy-markt, maar ook met het feit dat moderne hardware-systemen steeds minder onderhoudsgevoelig zijn. De kaars brandt voor automatiseringsbureaus als het ware aan twee kanten. Niets doen betekent voor hen ten onder gaan.

Het door tweevoudig VS-presidentskandidaat Ross Perot opgerichtte Electronic Data Systems (EDS), mondiaal marktleider op het gebied van het toepassen van IT, heeft het in 1995 gered: het penetreren middels de 'lange-halen-snel-thuis'-strategie van de prestigieuze organisatieadviesmarkt. Door de acquisitie van AT Kearney, een internationaal succesvol organisatieadviesbureau, werd het Amerikaanse automatiseringsbedrijf EDS (80.000 medewerkers, omzet ruim $10 mld) in een klap een *major player* in de wereld van het organisatieadvies. De ambities van EDS reiken echter verder. Het bedrijf wil de gehele IT-gestuurde informatie industrie gaan domineren. Er zullen de komende jaren wat dat betreft vooral offensieve zetten in de telecommunicatie en de multimedia geëffectueerd worden. Het organisatieadvieswezen is voor EDS slechts een appel aan de informatieboom. Het grote schudden is pas met de acquisitie van AT Kearney 'echt' van start gegaan.

Ontwikkelingen aan de aanbodzijde verklaren deze ontwikkelingsgang (mede). Hardware-fabrikanten penetreren hoe langer hoe meer het marktgebied van de softwarereuzen. De omvang en de deskundigheid van partijen als HP, IBM en Compaq mag er zijn. De opkomst van de hardwarefabrikanten op softwaregebied is een structurele (in plaats van incidentele) beweging die de komende jaren dan ook door zal zetten. Ergo: verdringingsconcurrentie op softwaregebied en een versnelde penetratie van softwarefabrikanten en automatiseringsbureaus op de organisatieadviesmarkt.

4.3 De oprukkende accountant

Het controleren van de boeken is al lang niet meer de kernactiviteit van de zich naar de mondiale adviestop fuserende *big six*: KPMG, Moret Ernst&Young, Coopers&Lybrand, Deloitte Touche Tohmatsu, Price Waterhouse en Arthur Andersen. De kantoren worden niet langer bevolkt door (register)accountants, maar thans ook door organisatieadviseurs, belastingadviseurs, *corporate finance*-specialisten en andere specialisten die zich niet inlaten met het controleren van jaarrekeningen.

De richting van de groeivector van de multinationale accountantsgroepen is voor de hand liggend:
- Ten eerste zijn de *fees* in het organisatieadvieswezen hoger.
- Ten tweede neigen organisaties ertoe, om hun accountant trouw te blijven (hoewel er wat dat laatste betreft wel enige veranderingen - richting een minder trouwe opdrachtgever - zijn waar te nemen).

De marktaandelen zijn daardoor min of meer uitgekristalliseerd. De grotere accountantskantoren zijn bijvoorbeeld gedurende de periode 1990-1995 amper meer in het controle-werk gegroeid. De groei van de accountantskantoren is de afgelopen jaren dan ook niet langer het gevolg van horizontale expansie (i.e., meer van hetzelfde), maar van diversificatie (i.e., het ontwikkelen van nieuwe activiteiten).

Daar komt bij dat de accountants met steeds kritischer cliënten te maken krijgen. De golf van schadeclaims (in met name de Verenigde Staten) komt dan ook niet uit de lucht vallen. Tegen deze achtergrond komt al snel de weinig lucratieve prijsconcurrentiestrategie om de hoek kijken. Dat maakt de *controllers*-markt tot een minder aantrekkelijke markt om op te opereren.

Deloitte&Touche

Deloitte&Touche is net als de andere grote accountantskantoren bezig zich in de bestuurskamers van multinationale ondernemingen binnen te ellebogen. Vanuit de optiek van de top van Deloitte begrijpelijk, want onder die ondernemingen heeft Deloitte weinig cliënten. Ook Deloitte wil meer advieswerk op topmanagementniveau gaan uitvoeren. Deloitte hanteert daarvoor een vertrouwd recept: de acquisitiestrategie. Ook Deloitte voert met diverse kleinere marktpartijen gesprekken.

Deloitte wil vooral kleine gespecialiseerde adviesbureaus overnemen, omdat men langs die weg zeggenschap verkrijgt en een beter inzicht in het reilen en zeilen in een specifiek marktsegment van de organisatieadviesmarkt. De strategie van Deloitte zou je bij wijze van spreken tot een 'kralen rijgen'-strategie kunnen omdopen. In diezelfde traditie werd in 1995 bijvoorbeeld het kleine organisatieadviesbureau Hidding Rolleman & Slot Management Consultants (HRS) overgenomen. HRS was/is gespecialiseerd in het verbeteren van de bedrijfsvoering in de overheids- en non-profitsector.

Dat de *big six* enige jaren terug een voet tussen de deur van de organisatieadviesmarkt zouden krijgen stond eigenlijk al bij voorbaat vast. Aan een aantal belang-

rijke randvoorwaarden voor een succesvolle entree in
het organisatieadvieswezen werd immers voldaan:
- Zo vormde de relatie van de accountant met de cliënt een goed vertrekpunt.
- De expansie kon zonder problemen snel en solide gefinancierd worden; het aanwezige geld danste de multinationale accountantsgroepen in de zakken.

De 'lange-halen-snel-thuis'-strategie bood uitkomst. De expansie in het organisatieadvieswezen werd voor een niet onbelangrijk deel gekocht. Aan het *from scratch* ontwikkelen van nieuwe producten kwam men eigenlijk amper toe. Vooral vanaf het begin van de jaren negentig werden veel organisatieadviesbureaus geacquireerd. KPMG nam bijvoorbeeld enkele jaren geleden de Lighthouse Consulting Group (industriële consulting), Ebbinge&Company en het Bureau voor Economische Argumentatie (BEA) over:

- Philips stootte in 1993 zijn in Eindhoven gevestigde adviesbureau Lighthouse Consulting Group af. Lighthouse behoorde volgens het topmanagement van Philips niet tot de kernactiviteiten. Consultancy sloot nu eenmaal niet aan bij de bulk van de Philips-activiteiten. De in training en financiële adviezen gespecialiseerde Lighthouse Consulting Group stond in de wandelgangen bekend als het industriële kenniscentrum van Philips. KPMG kon de diensten van Lighthouse inzetten bij het *upgraden* van de kwaliteit van de adviesverlening op het terrein van productiviteit, kwaliteit en innovatiemanagement - zowel nationaal als internationaal. KPMG Lighthouse had wat dat betreft de wind in de beleidszeilen: steeds meer opdrachtgevers van het 'oude' Lighthouse kwamen steeds vaker uit het buitenland. Op het moment van de acquisitie werd ongeveer eenkwart van de omzet buiten Philips gerealiseerd. Operatie 'Centurion' was tot dan toe de meest prestigieuze opdracht van Lighthouse geweest.

- In 1994 werd Ebbinge&Company, een wervings- en selectiebureau van eigenaar Ebbinge overgenomen. Ebbinge

&Company had op dat moment een omzet van f 5,4 miljoen. Met 5 partners en ongeveer 20 medewerkers was het een winstgevend bedrijf. Ebbinge zag de overname als een noodzakelijke zet, wilde hij zijn scope internationaal verruimen. KPMG had reeds een internationaal netwerk. Ebbinge&Company hield zich in het bijzonder bezig met werving en selectie van top-management (Ebbinge Consultants), jonge (aankomende top) managers (Ebbinge Young Executives) en uit het goede hout gesneden studenten (Ebbinge Campus). Na de acquisitie van Ebbinge namen de *human resources*-activiteiten ongeveer 25 procent van de totale activiteiten van KPMG Management Consultants in. De nieuwe activiteit werd onder de naam KPMG Ebbinge voortgezet.

- In datzelfde jaar werd het 25-koppige Hoofddorpse Bureau voor Economische Argumentatie (BEA) - jaaromzet 5 miljoen gulden - overgenomen. Andermaal een aanpalende hoogwaardige acquisitie en daarmee opnieuw een bijna vanzelfsprekende 'win-win'-situatie voor beide partijen.

In 1992 had KPMG zich al in een klap verzekerd van een dominante positie op het terrein van de milieuadvisering. In de zomer van dat jaar nam het de milieupoot (ongeveer 30 medewerkers) van Deloitte&Touche (toen nog TRN) over. D&T vond het 'ingenieursgehalte' van haar milieupoot te hoog; KPMG was een volstrekt andere mening toegedaan. De milieugroep van D&T was dan ook bepaald niet ontevreden met de transfer. Milieuadvies werd binnen KPMG gewaardeerd, hetgeen aandacht, managementmiddelen en financiële middelen betekende. KPMG Milieuadvies was de nieuwe naam van de milieupoot.

Meer in het algemeen geldt dat de acquisities van deze bureaus het juk van de declarabele uren waar de accountants in toenemende mate onder zuchten *concernwise* gezien draagbaar maakten.

Het ging de *big six* overigens niet altijd voor de wind. Zo pakte enkele jaren geleden de acquisitie van het gespecialiseerde strategische advieskantoor van J. Leyer, Leyer&Weerstra, door Deloitte&Touche (toen nog TRN) desastreus uit. D&T aasde al jaren op een strategische adviespoot. Zelf deed men wel aan strategische advisering, maar het niveau waarop stemde tot nadenken. Leyer werd dan ook niet onverwacht na binnenkomst *managing director* van alle consultants van D&T. En dat, terwijl zijn eigen Leyer&Weerstra aanzienlijk kleiner was. Leyer, die kort daarvoor zijn (verstands)huwelijk met Berenschot op de klippen zag lopen, had het geluk bepaald niet aan zijn zijde. Wat een visionaire match van jewelste had moeten zijn, werd een debâcle pur sang.

In het najaar van 1993 werd eenkwart van de consultants (24 van de 100) ontslagen. Er was eenvoudigweg geen werk. Leyer&Weerstra werd na de acquisitie met een langzaam leeglopende orderportefeuille geconfronteerd. Het ontslag van de adviseurs had een negatieve uitwerking op het image van D&T. Dat had alles te maken met het juridische staartje van de ontslagaanvraag. Een aantal van de met ontslag bedreigde adviseurs nam juridische stappen (men had een procedure bij het kantongerecht aangespannen), zowel tegen de gehanteerde selectiecriteria (geen zogenaamd lifo-systeem - *last in, first out*) als tegen de afvloeiingsregeling (uiterst karig).

4.4 Marktonderzoeksbureaus

De rol van marktonderzoeksbureaus lijkt sinds enkele jaren te veranderen. Marktonderzoeksbureaus blijken zich in toenemende mate op de markt voor organisatieadviezen te bewegen. Hun opdrachtgevers willen niet langer alleen maar een onderzoeksrapport, nog niet zo lang geleden een omvangrijke reeks op een rij gezette cijfers. In plaats van gekafte willekeur (veel gegevens waren bij het afronden van het rapport al weer verouderd) willen opdrachtgevers een uitleg van het rapport en inzicht in de cijferbrij (waarop veel marktonderzoeksbureaus een patent lijken te hebben). Opdrachtgevers willen op hun wensen toegesneden adviezen; men wil oplossingen. Iedere vorm van kwantitatieve vrijblijvendheid wordt daarbij naar de prullenmand verwezen.

Inmiddels heeft het accountmanagement zijn intrede gedaan. Een revolutionaire vorm van professionalisering in een branche, waar de contactmomenten tussen de opdrachtgever en de opdrachtnemer zich nog niet zo lang geleden beperkten tot het moment van het opstarten van het onderzoek en het moment waarop het rapport werd opgeleverd.

Marktonderzoeksbureaus leveren niet langer alleen maar ruwe gegevens, maar vertalen die gegevens steeds vaker in relevante en daarmee strategische informatie die bruikbaar is voor de beleidsvorming van opdrachtgevers. Ook zij moeten bruikbare oplossingen voor de door een opdrachtgever gesignaleerde problematiek genereren. Het maximaliseren van de toegevoegde waarde van de activiteiten is ook hier het beleidsparool geworden.

> **Ontwikkelingsgang**
>
> Een globale beschrijving van gegevens naar strategische informatie (Ontleend aan een artikel van F. Bronner in het meinummer van 1995 van het Tijdschrift voor Marketing):
>
> **1945-1960: Pioniersfase**
> - Selecteren en opleiden van enquêteurs
> - Uitleggen hoe de steekproeftheorie werkt
> - Het nut van onderzoek verduidelijken
> - Veel aandacht voor de vraagstelling
> - Groeiende behoefte aan continuiteit (panels)
> - Sociaal-psychologische aanpak, van beschrijven naar verklaren.
>
> **1960-1970: Expansiefase**
> - Meer aandacht voor veldwerk
> - Besef van de interviewer-invloeden
> - Non-response, enquête-druk, weigeringen
> - Vaststellen van een acceptabele gesprekslengte
>
> **1970-1980: Multivariate fase**
> - De multivariate analysetechnieken als verkoopargument
> - Ontwikkeling van grafische afbeeldingen
>
> **1980-1990: Technologische fase**
> - Het gebruik van PC's bij analyses
> - Het gebruik van PC's bij dataverzameling (telefonisch, persoonlijk en door de respondent zelf ingevoerd)
>
> **1990-nu: Strategisch gerichte informatiefase**
> - Vertalen van onderzoeksresultaten in strategische adviezen
> - Informeren, interpreteren en implementeren
> - Strategisch marktonderzoek, bijvoorbeeld naar de strategische betekenis van het merk

De NVvM discussieert in haar verenigingsblad 'Onderzoek' herhaaldelijk over de veranderende rol van de marktonderzoeker. De eerste cursus 'marktonderzoekadviseur' heeft inmiddels het licht gezien.

Toch hebben de marktonderzoeksbureaus nog een lange weg te gaan. Relaties met opdrachtgevers hebben nog teveel een ad hoc karakter, eenvoudigweg omdat opdrachtgevers (in het bijzonder hoger in de hiërarchie) onvoldoende weten welke toegevoegde waarde marktonderzoeksbureaus kunnen bieden. De dominerende 'technische' oriëntatie van marktonderzoeksbureaus op methoden en technieken en kwantitatief ('neuzen tellen') onderzoek in plaats van kwalitatief en daardoor toegankelijker onderzoek fungeert in dat verband niet zelden als fundamentele sta-in-de-weg. De 'klanten/cliënten'-oriëntatie wordt erdoor ondermijnd. Marktonderzoekers (h)erkennen dit beeld. Vele marktonderzoeksbureaus zijn momenteel bezig een mentale salto mortale te maken. De organisatieadviesbureaus zijn gewaarschuwd.

4.5 Bedrijfswetenschappelijke instellingen

In het kielzog van de marktonderzoeksbureaus volgt het onderzoek en inmiddels ook advieswerk van universitaire bedrijfswetenschappelijke instellingen: de bekende derde geldstroomactiviteiten van de economische en bedrijfskundige faculteiten.

Geldstromen

Eerste geldstroom: geldstroom direct afkomstig van de Nederlandse overheid.
Tweede geldstroom: geldstroom indirect afkomstig van de Nederlandse overheid maar via NWO en KNAW (aan de hand van bepaalde criteria) geherallocheerd over universiteiten.
Derde geldstroom: geldstroom direct afkomstig uit onderzoek verricht in opdracht van derden.

De Nederlandse overheid kan dus in alle drie de geldstromen een belangrijke rol spelen. Het bedrijfsleven komt alleen via geldstroom nummer drie in het financiële vizier van universiteiten.

Het gaat om een geduchte concurrent van de organisatieadviesbureaus. Dat heeft vooral met de (zeer aantrekkelijke) prijsstructuur van de door de bedrijfswetenschappelijke instellingen gestarte adviesactiviteiten te maken. De concurrentie van de economische en bedrijfskundige faculteiten is vaak oneigenlijk, in die zin dat ze met een opdrachtgever een prijs kunnen afspreken die veel lager ligt dan de eigenlijke kostprijs. Er hoeven door hen geen reële tarieven in rekening gebracht te worden. Universitaire bedrijfswetenschappelijke instellingen, bemand door professoren, hoofddocenten, docenten en een legioen goedkope studenten, kunnen namelijk eventuele tekorten met de zogenaamde 'eerste geldstroom' aanzuiveren. Organisatieadviesbureaus hebben die mogelijkheid niet. Daar komt nog bij dat universitaire instellingen het gebruik van universitaire middelen en huisvestingskosten niet in rekening hoeven te brengen.

Universitaire instellingen beroepen zich in dit verband op het feit dat veel van dergelijk research- en advieswerk in het kader van het onderzoeksprogramma van een gegeven vakgroep wordt uitgevoerd. Dat zou de inzet van de nu eenmaal aanwezige mensen en middelen rechtvaardigen.

Ceito

De Universiteit van Amsterdam (UvA) startte in 1994 een BV op die onderzoek ging doen naar innovatieve IT. De BV, Ceito genaamd, heeft het bedrijfsleven als afzetmarkt. Ceito voert voor meerdere bedrijven tegelijkertijd onderzoek uit. Die bedrijven kunnen ook eigen mensen met het onderzoek mee laten draaien. Deze vorm van *multi-party* onderzoek was in 1994 voor Nederland uniek. Daarvoor was een economisch onderzoeksinstituut van de UvA in juridisch opzicht van de universiteit ontkoppeld. Op die manier kon het onderzoeksbureau slagvaardiger en flexibeler op de markt opereren. Ceito beperkte zich van meet af aan tot onderzoeken die ook wetenschappelijk interessant waren. Ceito maakt het mogelijk goede economische onderzoekers voor de universiteit te behouden mede door marktconforme salarissen uit te betalen.

Concurrentievervalsing? Volgens de Wet Economische Mededinging niet, want dergelijke handelingen zijn in het geheel niet strafbaar. De vruchten die de bedrijfswetenschappelijke instellingen van hun 'ver-van-hun-bed-show'/diversificatiebeweging plukken worden als zeer sappig ervaren. Het uitvoeren van adviesopdrachten is voor universitaire instellingen de manier om iets aan de permanent onder druk staande onderzoeksbudgetten te doen. De langs deze weg opgedane ervaring en kennis kan bovendien in artikelen en boeken worden verwerkt. Voorbeelden van actuele organisatievraagstukken doen het goed tijdens colleges. Het deeltijdhoogleraarschap heeft mede daardoor een hoge vlucht genomen. Veel organisatieadviseurs die voor een dag in de week als hoogleraar aan een wetenschappelijke faculteit zijn verbonden leveren een actieve bijdrage aan de steeds fellere concurrentie waaraan ook hun bureau het hoofd moet bieden.

Academici kunnen voor opdrachtgevers verschillende voordelen genieten boven organisatieadviesbureaus. Ze zijn relatief goedkoop, zijn onafhankelijk (en kunnen daarmee flexibeler zijn), zijn vaak objectief (ze houden zich verre van iedere vorm van bedrijfspolitiek) en opdrachtgevers hebben maar met één adviseur te maken in plaats van een team van adviseurs. De betrokkenheid van de academicus is dan ook groot. Een academicus fungeert niet zelden als een *counselor* in plaats van als een consultant. Bedrijfswetenschappers zijn daarnaast *eager* om een opdracht tot een goed einde te brengen, omdat het advieswerk doorgaans een welkome aanvulling is op een bepaald niet vetbetaalde universitaire baan.

Het grote voordeel (de individuele betrokkenheid) is tegelijkertijd het grote nadeel. Sommige opdrachten zijn nu eenmaal te groot voor bedrijfswetenschappelijke consultants. Ze moeten immers de organisatorische architectuur ontberen, noodzakelijk om van een complexe en tijdrovende opdracht een succes te maken.

Sommige bedrijfswetenschappelijke consultants sluizen te grote opdrachten naar bevriende organisatieadviesbureaus. Anderen slaan de handen ineen. Het bekendste (internationale) netwerk van bedrijfswetenschappelijke consultants is Competitive Management Initiative (CMI). C.K. Prahalad, de 'bedenker' van het *core competence* concept, is een van de meest eminente leden van CMI.

> **Cultuur**
>
> Opdrachtgevers zullen bij het inschakelen van een bedrijfswetenschappelijk bureau rekening moeten houden met een afwijkende adviescultuur. Het is geen McKinsey&Company of een Moret, Ernst & Young. Autonomie en een technische oriëntatie kunnen de relatie opdrachtgever-opdrachtnemer nogal vertroebelen. Afgezien daarvan zal het bedrijfswetenschappelijk bureau respectievelijk de bedrijfswetenschapper de praktische bruikbaarheid van de gedane inspanningen moeten garanderen. Dit vergt het houden van een 'vinger aan de pols'-relatie. Het zal niet de eerste keer zijn dat een stereotype faculteitscultuur de uitkomst van een onderzoek en de bruikbaarheid van een advies frustreert. Veel faculteiten hebben echter op een succesvolle manier een culturele omslag ondergaan: van een reactieve en technische cultuur naar een proactieve en marktgerichte cultuur.

4.6 Boodschap

Door de grootscheepse branchevervaging is het organisatieadvieswezen minder doorzichtig geworden. Het afpalen wie met wie, waarom en waar concurreert wordt steeds lastiger. Dit afpalingsvraagstuk houdt veel organisatieadviesbureaus bezig.

Bovengenoemde partijen zijn goed geoutilleerde concurrenten die van vele markten thuis zijn. Men is in de regel uiterst gemotiveerd. Van meer potentiële annex papieren concurrenten als computerfirma's gaat eveneens een reële bedreiging uit. IBM heeft zich in de Verenigde Staten enige tijd terug actief op het lucratieve organisatieadvieswerk geworpen (in de tweede week van juni 1995 werd overigens voor het eerst op de Nederlandse televisie voor deze adviesdiensten geadverteerd). Ook AT&T, DEC en Debis (de dienstenpoot van het Daimler-Benz-concern) ventileren publiekelijk dat ze de komende jaren op grote schaal in het organisatieadvieswezen actief willen worden. Van AT&T is dat ook vanuit een andere invalshoek begrijpelijk. Het concern is namelijk grootafnemer van organisatieadviesdiensten: in 1995 werd alleen al voor $525 miljoen aan organisatieadvies ingekocht (...)

De boodschap is duidelijk: de al ver voortgeschreden branchevervaging zal in de toekomst eerder toe- dan afnemen. Dat heeft mede met twee institutionele kenmerken van het organisatieadvieswezen te maken: (1) de instapdrempel is uiterst laag en (2) de toegevoegde waarde in termen van te verwerven marges (vooralsnog) hoog. Dat zijn voor veel ondernemingen valide redenen om te diversificeren.

Trends

Trends zijn de kurk waarop organisatieadviesbureaus drijven. Een megatrend waaraan veel organisatieadviesbureaus veel geld hebben verdiend was de magische cijfercombinatie 1992. 1992 symboliseerde verandering en leidde daardoor tot een almaar wassende stroom opdrachten. De voorbeelden liggen voor het oprapen.

Sommige niet-EG ondernemingen zagen een *Fortress Europe* ontstaan, en hadden daardoor het gevoel 'de boot te missen'. Vooral Amerikaanse en Japanse ondernemingen acquireerden er - gesecondeerd door vele organisatieadviesbureaus die *short-lists* formeerden - intensief op los. Vanaf het begin van de jaren negentig zien we niet voor niets een nieuw type adviesbureau opkomen: het fusie- en overnamebureau. Ook de *Corporate Finance*-afdelingen schoten bij de bekende namen als paddestoelen uit de grond. (Aan deze trend is overigens nog steeds geen einde gekomen). Veel Europese ondernemingen hadden het gevoel dat ze niet 'klaar' waren voor 1992. Bijgevolg: het doorvoeren van herstructureringsoperaties. Implicatie: veel werk voor organisatieadviesbureaus.

1992 fungeerde ook als turbo voor een andere trend: globalisering. Ook deze trend is nog steeds volop actueel. Veel ondernemingen hadden 'opeens' het gevoel dat ze internationaal de boer op moesten. Sommige concurrenten deden het immers ook (...). Het kuddegedrag in optima forma.

1992 heeft er toe geleid dat veel organisatieadviesbureaus - en dan in het bijzonder de wat grotere bureaus - hun interne structuren gingen aanpassen. Organisatieadviesbureaus zijn in toenemende mate gespecialiseerde afdelingen op gaan zetten, 'Centers of Competence' of 'Centers of Excellence'. De ontwikkeling naar voortgaande specialisaties heeft tot een fundamentele verbetering van de kwaliteit van de organisatieadviesopdrachten geleid en daarmee de implementeerbaarheid van de organisatieadviezen vergroot.

5 GRENSVERLEGGEND ADVISEREN

5.1 Algemeen

Een bijzondere vorm van schaalvergroting is internationalisatie. Waren het vroeger vooral de grote industriële ondernemingen die hun werkterrein internationaliseerden, tegenwoordig gaan ook kleinere industriële ondernemingen en dienstenondernemingen internationaal de boer op. Internationalisatie staat niet langer in de periferie maar in het centrum van de belangstelling van vrijwel alle directies en raden van bestuur, ongeacht de omvang danwel leeftijd van een onderneming.

Ook in het organisatieadvieswezen is internationalisatie niet langer een onbekend fenomeen. Diverse buitenlandse (vooral Amerikaanse) organisatieadviesbureaus zijn al weer jaren op de Nederlandse adviesmarkt actief en ook Nederlandse adviesbureaus kijken steeds vaker over de eigen landsgrenzen heen. Niet alleen de grotere bureaus (de bekende namen) maar ook gespecialiseerde kleinere organisatieadviesbureaus kunnen respectievelijk moeten hun *know how* en expertise steeds vaker internationaal *stretchen*.

Internationalisering lijkt van alle trends *de* trend van de jaren negentig te zijn. Het gaat om een niet omkeerbare ontwikkeling: de staatsrechterlijke grenzen vervagen en landen en economieën raken daardoor steeds meer met elkaar verweven.

5.2 Waarom?

Het Nederlandse organisatieadvieswezen heeft internationalisatie hoog op de bestuursagenda staan. Het is een regulier aandachtspunt. De daadwerkelijke wapenfeiten stellen echter nogal teleur. Slechts 5 tot 10 procent van de totale omzet van het Nederlandse organisatieadvieswezen wordt buiten de eigen landsgrenzen behaald. Een schamel percentage. De groeivector is niettemin duidelijk. Vrijwel ieder zichzelf respecterend organisatieadviesbureau is er op de een of andere manier mee bezig.

De voordelen van het internationaal actief zijn zijn niet op een hand te tellen. KPMG'er Ganzevoort en zijn collega Olthof zetten in een artikel in het vakblad M&O uit 1992 (nummer 1, pagina 91) de voordelen van internationalisatie op een rij. De voordelen van internationalisatie (ondermeer via transnationale samenwerking) zijn volgens hen:
- de gezamenlijke ontwikkeling van advieshulpmiddelen en de onderlinge uitwisseling daarvan;
- het snel samenstellen van interdisciplinaire en internationale adviesteams of het 'invliegen' van specifieke expertise voor een bepaald project;
- het tot ontwikkeling brengen van 'rotational'-programma's (uitwisseling van professionals met buitenlandse kantoren), zodat adviseurs internationale ervaring kunnen opdoen;
- het ontwikkelen van wereldwijde databases met branchekengetallen en concurrentiegegevens (benchmarking) en databases met grafische beelden waarmee de sleutelelementen van een probleem succesvol kunnen worden gecommuniceerd;
- het ontwikkelen van internationale trainingsprogramma's waardoor internationaal volgens dezelfde methoden en kwaliteitsstandaarden kan worden gewerkt.

Nederlandse organisatieadviesbureaus worden om verschillende redenen gedwongen hun bakens internationaal te verzetten. Ik beperk me op deze plaats tot de vier belangrijkste, dus generieke redenen: marginalisering, groeipotentieel, loopbaanperspectief en 'volgen-van-cliënt'.

Marginalisering
Een belangrijke reden voor de internationaliseringsbeweging is de orderportefeuille die daardoor onder

hoogspanning is komen te staan. Met andere woorden: oorzaak en gevolg lopen door elkaar. Voor veel Nederlandse bureaus is internationalisering om deze reden geen mogelijkheid maar een noodzakelijkheid. Het internationaliseren van het werkterrein is dan ook allesbehalve een operationele activiteit gericht op het vrijblijvend verdiepen van de bedrijfsactiviteiten. Voor veel organisatieadviesbureaus staat of valt het voortbestaan met een succesvolle internationalisering, feitelijk ongeacht de manier (start-ups, joint ventures/alliantiies, fusies danwel overnames) waarop een en ander plaatsheeft.

Groeipotentieel
Een andere reden is dat Nederlandse adviesbureaus met internationale posten/contacten meer groeipotentieel hebben dan bureaus die zich in hun adviespraktijk tot de Nederlandse regio beperken. Dat geldt in het bijzonder voor de grootste Nederlandse organisatieadviesbureaus. Het verwerven van een omvangrijker marktaandeel op de Nederlandse markt zal immers ten koste moeten gaan van steeds sterkere concurrenten. De wet van de afnemende meeropbrengsten zal in Nederland na verloop van tijd voor ieder groeiend organisatieadviesbureau actueel worden. Internationalisatie is dan het aantrekkelijke wachtwoord voor de toekomst. In het buitenland is het mogelijk groeicurves blijvend te *stretchen*.

Loopbaanperspectief
Een derde reden is dat internationaliserende bureaus een internationaler en daarmee aantrekkelijker loopbaanperspectief kunnen bieden. Dit geldt zowel voor de huidige als de toekomstige medewerkers. Een internationale loopbaan wordt in de regel als een aantrekkelijker loopbaan gepercipieerd en ervaren. Dat heeft alles met het verruimen van de kennishorizon en de emotionele belevingswereld (het vergroten van de culturele bagage) van de adviseur te maken. De internationale dimensie van een organisatieadviesbureau is om deze reden belangrijk. Het is voor een bureau een manier om de meest talentvolle *juniors* aan te trekken en de

belangrijkste *seniors* vast te houden. Steeds meer bureaus commercialiseren juist om deze reden de internationale dimensie van hun kantoor in wervende reclamecampagnes.

Volgen-van-cliënt
Er is nog een vierde 'algemene' reden om het werkterrein van een organisatieadviesbureau te internationaliseren: de enorme vraag vanuit het bedrijfsleven naar hulp bij het internationaliseren van de bedrijfsactiviteiten. Internationaliserende opdrachtgevers worden in die hoedanigheid als het ware letterlijk op de voet gevolgd. Diverse Nederlandse organisatieadviesbureaus krijgen vandaag de dag de (forse) rekening van hun trage omhelzing van de internationaliseringsgedachte gepresenteerd.

Die adviesbureaus hebben door hun defensieve opstelling te lang vastgehouden aan het krampachtig consolideren van hun positie op de thuismarkt, terwijl Amerikaanse bureaus en multinationale accountantsgroepen die bureaus zowel links als rechts op het internationale toneel zijn gepasseerd. Horringa&de Koning heeft zich in dit kader net op tijd door de Amerikaanse Boston Consulting Group laten overnemen. Het argument 'volgen-van-de-cliënt' zal in de naaste toekomst, gezien de voortgaande internationalisering van het bedrijfsleven, alleen maar belangrijker worden.

5.3 Hoe?

De aard van de internationalisatie is duidelijk. Grensoverschrijdende vormen van samenwerking hebben het primaat. Er is onder de meeste - in het bijzonder lokaal georiënteerde - adviesbureaus sprake van een aperte voorkeur voor een personele danwel organisatorische in plaats van een financiële integratie:
- In het eerste geval is er geen sprake van een wederzijdse financiële vervlechting. In plaats daarvan worden vaak enkele organisatieadviseurs in het buitenland gestationeerd.

- In het tweede geval gaat het vanwege de kapitaaldeelnemingen om minder vrijblijvende internationale samenwerkingsvormen.

De meeste organisatieadviesbureaus die internationale vormen van samenwerking hebben opgestart of achterop de bagagedrager van een partner met een internationaal netwerk zijn gesprongen nemen ruim de tijd voor het aanzwengelen van hun internationale avonturen. De meeste internationale samenwerkingsverbanden hebben daarom een standaardopzet. In de praktijk hebben internationale samenwerkingsverbanden vooral betrekking op het toegang krijgen tot elkaars kennis en ervaring bij het bewerken van (potentiële) cliënten. Ook zaken als productontwikkeling en het verwerven van kennis van de lokale markt spelen een rol.

Losse internationale samenwerkingsverbanden domineren het samenwerkingslandschap. Het aantal internationale *holdings* dat belangen heeft in onafhankelijke bureaus is op een hand te tellen. Organisatieadviesbureaus zijn altijd bang voor een verwatering van de eigen bureau-identiteit. Dat verklaart tevens de voorkeur voor partiële in plaats van integrale samenwerkingsverbanden. Bij partiële grensoverschrijdende samenwerkingsverbanden gaat het vooreerst om samenwerkingsverbanden waarbij tussen nationale bureaus op functioneel niveau wordt samengewerkt. Op deze manier ontstaan grensoverschrijdende netwerken, een strategie waar bijvoorbeeld Berenschot, met internationale samenwerkingsverbanden op logistiek en M&A-terrein, regelmatig gebruik van heeft gemaakt.

Het is overigens een publiek geheim dat dergelijke samenwerkingsverbanden - in het bijzonder door het relatief vrijblijvende karakter (waar is de stok achter de deur?) - weinig nieuwe *business* genereert. Andere nadelen van deze groeistrategie zijn: (1) het kost relatief veel tijd om op deze manier succesvol te internationaliseren, (2) het blijft een dure aangelegenheid en (3) veel bureaus krijgen inzage in elkaars operationele reilen en zeilen en daarmee een kijkje in de strategische keuken, i.e. de bureaukoers.

Berenschot trad aan het einde van de jaren '80 toe tot een Europees samenwerkingsverband, 'The European Independents' genaamd. Daarmee zag Berenschot een lang gekoesterde wens in vervulling gaan. Het had al eerder geprobeerd internationaal op een integrale manier de bakens te verzetten. Die pogingen waren weinig succesvol geweest. Nog in de jaren zeventig had men geprobeerd via een samenwerkingsverband van zelfstandige adviesbureaus onder de naam 'Consulteur' internationaal zoden aan de adviesdijk te zetten. Er werd in dat verband ondermeer met het Duitse Kienbaum en het Britse PA samengewerkt. In de jaren zestig/zeventig acquireerde Berenschot zich nog een blauwe maandag in de Verenigde Staten waar men gedurende een tiental jaren met een eigen vestiging actief was.

Kottman, de huidige bestuursvoorzitter van Berenschot, pakte aan het einde van de jaren tachtig de internationalisatiedraad weer op. Hij manoeuvreerde Berenschot in The European Independents, een zuiver Europees samenwerkingsverband van onafhankelijke organisatieadviesbureaus. In een interview met *Het Financieele Dagblad* (gepubliceerd op 16 juni 1989; pagina 3) zei Kottman ter motivering van het samenwerkingsverband: *"Berenschot is sterk op de thuismarkt; we zijn tenslotte het grootste bureau in Nederland. Onze klanten worden internationaler. Om onze dominante positie te handhaven moeten wij ook internationaal gaan"*.

En, ter weerlegging van het argument als zou het om een defensieve zet gaan (de accountantsketens kwamen in die dagen reeds sterk opzetten): *"Die bedreigingen zijn er, de concurrentie is veel harder geworden en wij misten inderdaad die internationale dimensie. Maar de buitenwereld kijkt daar vaak zorgelijker tegenaan dan wijzelf. Berenschot is immers steeds blijven groeien. Bovendien hebben wij op deelterreinen als fusies en logistiek aansluiting gezocht bij internationale netwerken."*

Berenschot had volgens Kottman twee vliegen in een klap geslagen. De internationale aansluiting was verkregen en gelijktijdig was de positie op de binnenlandse markt verstevigd, want deelname aan The European Independents was voor de Benelux exclusief aan Berenschot toegekend. Het succes van The European Independents zal voor een belangrijk deel afhangen van de mate waarin de deelnemende partijen zich *interdependent* (gewenst) danwel *independent* (niet-gewenst) zullen opstellen (The European *Independents*: what's in a name?)

Het merendeel van de Nederlandse bureaus heeft wat het entameren van internationale netwerken betreft nog een lange weg te gaan. En het bewandelen van die weg is nodig, omdat opdrachtgevers de aanwezigheid van een internationaal netwerk in toenemende mate als een onderscheidende eigenschap en daarmee als een concurrentieel voordeel zien.

In de praktijk van het organisatieadvieswezen betekent dit dat voor de grotere, vaak lucratiefste opdrachten (meestal) een internationaal netwerk wordt geëist. De internationale spreiding van de kennisintensieve Amerikaanse megakantoren en de internationale accountantsgroepen met vestigingen in alle belangrijke industriële landen (alsmede *emerging markets*) en met de mogelijkheid om kwalitatief hoogwaardige internationale teams samen te stellen en op adviesprojecten in te zetten, is een vorm van consultancy die vooralsnog voor weinig Nederlandse bureaus haalbaar is.

5.4 Het Oosten

In het begin van de jaren negentig kwamen er voor Nederlandse adviesbureaus twee interessante mega-adviesmarkten bij: Oost-Europa en Rusland. Westerse regeringen reserveerden financiële middelen om Oost-Europese landen en Rusland bij te staan met westerse kennis bij de omschakeling van een centraal geleide planeconomie naar een markteconomie. Veel bureaus wilden van meet af aan een forse hap uit die financiële koek die het bovendien mogelijk maakte om een geheel nieuw, braakliggend geografisch werkterrein te ontsluiten.

Diverse westerse bureaus zijn inmiddels in Oost-Europa en Rusland actief. Niet alleen om de bestaande problemen met overheidsgelden aan te pakken, maar ook om vast te stellen dat er nog andere complexe problemen aangevat moeten worden, problemen en vraagstukken waarvan men aanvankelijk niet eens het bestaan vermoedde. Het domino-effect in optima forma.

Hoe ziet de financiële steunbetuiging van de westerse overheden er in concreto uit? Beperken we ons tot de hoofdlijnen voor Oost-Europa (die voor Rusland zijn nog steeds niet uitgekristalliseerd), dan blijkt dat voor Nederland en de Europese Gemeenschap hulpprogramma's voor Oost-Europa bestaan, te weten PSO en Phare. In het kader van PSO en Phare geldt dat Nederlandse adviesbureaus pas financiële steun krijgen, indien daartoe een aanvraag van een Oost-Europees land is ingediend.

In de praktijk blijkt het ter plekke opbouwen en via Brussel aanzwengelen van politieke relaties het meeste effect te sorteren. Diverse Nederlandse bureaus steken dan ook hun voelhorens uit binnen ministeries in Warschau, Praag en Boedapest. Het acquireren van opdrachten is in die landen vooral een functie van het betrokken raken bij lokale vraagstukken, het hebben van goede relaties met de subsidieverstrekkers in Den Haag of Brussel en het hebben van een concrete *foothold* op de lokale markt. Een *joint venture* met een lokale Oost-Europese partij geniet daarbij de voorkeur. Voor de Russische markt geldt een overeenkomstige marktbenadering.

De in Oost-Europa en Rusland uitgevoerde opdrachten hebben een uitermate divers karakter. Opdrachten zijn soms strategisch, vaak operationeel, altijd verrassend en ingrijpend van aard, hebben in de regel een hoog IT-gehalte en bezitten bijna altijd een privatiseringscomponent. De opdrachten kunnen naar alle waarschijnlijkheid het beste getypeerd worden aan de hand van het 'twee stappen vooruit, één achteruit'-gedachtengoed. Overvloedig krimpen staat op de eerste plaats; sporadisch groeien op de tweede plaats.

Het leveren van adviezen aan Oost-Europese en Russische opdrachtgevers levert in de praktijk niet altijd datgene op wat aanvankelijk wordt gedacht. Veel advies krijgt geen vervolg, eenvoudigweg omdat het aan kennis ontbreekt hoe de op een markteconomie gebaseerde adviezen in een quasi-markteconomie te implementeren. Voor veel Nederlandse organisatieadviseurs zijn Oost-Europa en Rusland het West-Europa van de jaren vijftig. De productie- en productoriëntatie domineren de agenda van Oost-Europese en Russische bestuursvergaderingen. Met marketing danwel het woordenpaar 'marktgericht ondernemen' heeft men geen enkele ervaring (en belangrijker: affiniteit). De doorgaans moeizame communicatie maakt het er niet gemakkelijker op.

Het ter plaatse bezitten van kantoren met zowel eigen als lokale medewerkers verzacht de pijn van het pionieren. Buitenlandse werkkrachten zijn veelal goed opgeleid en hebben lokale expertise en de broodnodige contacten met lokale overheden. Op deze manier kan op een meer integrale wijze aan een adviesopdracht worden gewerkt. Het invliegen van westerse adviseurs om 'een klus te klaren' kan bij de lokale autoriteiten op weinig bijval rekenen. Oost-Europese en Russische overheidsinstellingen willen zo veel mogelijk van het van veel kennis en ervaring voorziene westerse adviesbureau profiteren. Voor hen is een quasi-integratie in de vorm van een *joint venture* veel aantrekkelijker.

Een interessant bijgevolg van het aantrekken van lokale werkkrachten is dat ze in de regel aanzienlijk goedkoper zijn dan hun westerse collegae. Al deze voordelen trekken in de praktijk overigens maar weinig Nederlandse adviesbureaus over de streep. Voor het overgrote deel van de Nederlandse bureaus blijven Oost-Europa en Rusland mede door taal- en mentaliteitsverschillen 'ver-van-mijn-bed-shows'.

5.5 Het Verre Oosten

Azië is een adviesmarkt met een aparte status. Hoewel de markt omvangrijk is en schier onuitputtelijk lijkt, zal Azië vooralsnog weinig bijdragen aan de omzet van westerse organisatieadviesbureaus in het algemeen en Nederlandse bureaus in het bijzonder. Twee verklaringen daarvoor zijn:
- De geografische afstand is groot (maar in beginsel overbrugbaar).
- De culturele afstand is groot (en moeilijk overbrugbaar). Consultancy is geen normale bezigheid, zoals in het westen wel het geval is. Dat heeft alles te maken met de vergaande invloed van confuciaanse principes. Het confucianisme - en in het verlengde liggende (quasi-)religieuze tradities - benadrukt het belang van familiewaarden, het streven naar eenvoud en traditie. Voor vernieuwende inzichten van de buiten de familiepatronen opererende organisatieadviesbureaus is veelal geen ruimte. Aziatische ondernemingen hangen om dezelfde reden niet graag hun eigen vuile was buiten. De geslotenheid van veel oosterse gemeenschappen in westerse landen is daarvoor illustratief.

Afgezien van het bovenstaande, wie moeten in Azië het werk doen? Het louter in het Verre Oosten parachuteren van westerse adviseurs (*expatriates*) zal vervelende consequenties hebben. Internationale déconfitures zijn in dat geval een *fait accompli*. Alleen de 'echt' grote organisatieadviesbureaus zullen in staat zijn *global* consultants op te leiden en locale adviseurs aan te trekken en op te leiden en in te wijden in de overwegend westerse managementtechnieken.

Nederlandse organisatieadviesbureaus zullen zich wel tweemaal moeten bedenken of, en zo ja, hoe ze in het Verre Oosten willen respectievelijk moeten expanderen. Het bekende Chinese spreekwoord 'Wie zacht stapt komt ver' zal ten allen tijde in acht genomen moeten worden. Het Nederlandse spreekwoord: 'Als het goud op de stoep ligt, waarom het dan van verre halen' overigens ook.

5.6 De Verenigde Staten

Opvallend is de afwezigheid van Nederlandse organisatieadviesbureaus in het mekka van organisatieadviesland: de Verenigde Staten. Dat stemt tot nadenken. Het overgrote deel van de conceptuele en vakinhoudelijke noviteiten is immers afkomstig uit de Verenigde Staten. Nederlandse organisatieadviesbureaus die tegen aantrekkelijke tarieven *on-the-cutting-edge* willen concurreren, zullen dichtbij het vuur moeten gaan zitten. Alleen op die manier kunnen ze zich warmen aan de vlammende ideeën en betogen van hun Amerikaanse concullega's.

Wellicht ten overvloede: was het niet de oude Berenschot zelf die regelmatig in het vliegtuig stapte om zich aan de overkant van de Atlantische oceaan te laven aan het gedachtengoed van zijn Amerikanse collega-*founding fathers*? Het heeft Berenschot bepaald geen windeieren gelegd. Daar brengt overigens geen Insead of London Business School, laat staan de Rotterdam School of Management (voorlopig) enige verandering in.

6 CONCURRENTIE

6.1 Algemeen

De afgelopen decennia hebben zich met betrekking tot de intensiteit en de aard van de concurrentiestrijd ingrijpende veranderingen voorgedaan. De concurrentiestrijd is feller geworden. De aanbodmarkt van weleer is in een vragersmarkt omgeslagen: organisatieadviesbureaus dansen in het door cliënten aangegeven ritme.

In de jaren vijftig, zestig en zeventig leken de adviesopdrachten weleens 'vanzelf' binnen te rollen. Aan het begin van de jaren tachtig droogde de stroom adviesopdrachten steeds vaker op. Vooral gespecialiseerde deelmarkten waren daarvan het slachtoffer. De modegevoeligheid van die segmenten luidde de ondergang van diverse in de financiële kantlijn opererende organisatieadviesbureaus in. Andere adviesbureaus gingen daarentegen actiever en assertiever de markt op. Zo werd er bijvoorbeeld vanaf het begin van de jaren tachtig steeds vaker geadverteerd om de gunst van een prospect. Dat was een unicum, organisatieadviesbureaus die langs formele kanalen adviesopdrachten probeerden te acquireren in plaats van via de zo frequent gehanteerde en geliefde informele kanalen (Sommige organisatieadviesbureaus gaan nog een stap verder. Andersen Consulting maakt bijvoorbeeld vanaf het derde kwartaal van 1996 reclame voor haar organisatieadviesdiensten ..... op de Nederlandse TV).

Opdrachtgevers gaven ondertussen in toenemende mate in duidelijke bewoordingen te kennen dat het niet zozeer ging om het geven van een advies, vaak verpakt in een mooi rapport en begeleid door een indrukwekkende stapel *sheets*, maar veel meer om het aandragen van een concrete en uitvoerbare - bij voorkeur duurzame - oplossing voor een als verstikkend ervaren vraagstuk. De snelle internationale opkomst van de *big six* en de Amerikaanse organisatieadviesbureaus hebben dit proces in de hand gewerkt. Zij konden op een verantwoorde manier risicovol opereren, omdat ze uit hun productieve internationale netwerk konden putten. Daardoor kon de *overhead* gedrukt worden. Kruislingse financiële en kennissubsidies deden de rest.

We kunnen de aard van de concurrentiestrijd tussen organisatieadviesbureaus alleen daadwerkelijk doorgronden, indien we bewust zijn van het fundamentele verschil tussen drie uiteenlopende vormen van rivaliteit. Er kunnen in het organisatieadvieswezen drie soorten van mededingingsgedrag worden onderscheiden: interne concurrentie, potentiële concurrentie en externe concurrentie.

6.2 Interne concurrentie

Bij interne concurrentie gaat het om concurrentie tussen bestaande organisatieadviesbureaus. De intensiteit van de interne concurrentie is met name afhankelijk van:
- de concentratiegraad. De concentratiegraad heeft betrekking op het aantal concurrenten en op de verdeling van de marktaandelen.
- de mate van differentiatie.

In het Nederlandse organisatieadvieswezen zijn duizenden organisatieadviseurs actief. Toch maken slechts enkele bureaus feitelijk de dienst uit. De Amerikaanse organisatieadviesbureaus en de multinationale accountantsgroepen spelen een voorname rol. Ook bureaus als Berenschot, Twijnstra Gudde en Bakkenist Management Consultants behoren tot de top van de dunbevolkte eredivisie. Er lijkt sprake te zijn van een oligarchische bedrijfstakvorm.

Tegelijkertijd is de markt zeer gedifferentieerd. Aangeboden diensten variëren in het bijzonder als gevolg van de sterke variatie in problemen waarmee organisaties worstelen en de aard van de kennis/ervaring respectievelijk de diagnosemethoden van het organisatieadviesbureau dat die problemen op zal moeten lossen. Dit zwakt de concurrentiestrijd tot op zekere hoogte af. Er is immers voor 'elck wat wils'. De concurrentiestrijd speelt zich in het organisatieadvieswezen per definitie in marktnissen af.

6.3 Potentiële concurrentie

Consultancy is *big business*. Geen wonder dat het fenomeen potentiële concurrentie een belangrijke rol speelt. Er zijn twee vormen van potentiële concurrentie te onderkennen, namelijk: concurrentie van potentiële toetreders en concurrentie van substituutprodukten.

De dreiging van mogelijke toetreders hangt nauw samen met de aan- of afwezigheid van toetredingsdrempels. Een koppeling kan worden gemaakt tussen toe- en uittredingsdrempels en de bedrijfstaklevenscyclus (van concurrentie uit de hoek van de substituutproducten is vooralsnog geen sprake).

In de introductiefase van een bedrijfstak zijn de toetredingsdrempels laag. In dit verband kan voor de organisatieadviesbranche worden gesproken over blijvend lage toetredingsdrempels. Eenieder kan zich organisatieadviseur noemen. Dat maakt het beroep voor velen aantrekkelijk. De marktstructuur is uiterst scheef: het aantal 'éénpitters' is zeer groot. De verwachting is dat het aantal zelfstandige organisatieadviseurs door de huidige en toekomstige individualiseringsdrang alleen maar toe zal nemen. De oplopende werkloosheid onder hoog opgeleide werknemers speelt deze ontwikkeling in de kaart. Managers, gedwongen uit te treden als gevolg van reorganisaties en ontslagen, beginnen zelf hun organisatieadviespraktijk. Ook door twee al eerder behandelde ontwikkelingen (de branchevervaging en internationalisering) neemt het aantal organisatieadviesbureaus snel toe. De concurrentiebevorderende lage instapdrempels werken in de praktijk als een rode lap op een stier.

Toch dienen enige kanttekeningen gemaakt te worden. Het hebben van een eigen netwerk, naamsbekendheid en deskundigheid zijn drie essentiële metgezellen van een concurrentieel voordeel in het organisatieadvieswezen. Nieuwkomers hebben zeker ten opzichte van de al jaren bestaande (dikwijls grotere) collegae nadelen. Risicospreiding (als gevolg van het diversificeren van het werkterrein) en bestaande relaties tussen adviseur en cliënt bieden die bureaus solide concurrentievoordelen die bovendien moeilijk op korte termijn zijn te kopiëren. Verwacht mag worden dat cliënten die positieve ervaringen hebben met hun 'huisadviseur' zich positief zullen opstellen tegenover dezelfde en andere diensten van die aanbieder. Ergo: de toetredingsdrempels worden hierdoor enigszins verhoogd, hetgeen de intensiteit van de concurrentiestrijd tot op zekere hoogte plafonneert.

6.4 Externe concurrentie

De aard en intensiteit van de externe concurrentie in het organisatieadvieswezen is een functie van het vermogen van de cliënten om de organisatieadviesbureaus naar hun pijpen te laten dansen.

De afgelopen decennia is de positie van de organisatieadviesbureaus zichtbaar geërodeerd. Het opleidings- en kennisniveau is in veel organisaties gestegen. Maatschappelijke ontwikkelingen zijn hier in belangrijke mate voor verantwoordelijk geweest. In 1970 genoot bijvoorbeeld nog maar 15 procent van de Nederlandse bevolking een hogere vorm van onderwijs (middelbaar beroepsonderwijs en hoger). In 1993 was dit opgelopen tot ongeveer 55 procent. Bijgevolg: cliënten zijn in de regel beter dan voorheen geïnformeerd over de markt voor organisatieadviezen en stellen mede daardoor stringentere eisen aan het advies en het daaraan ten grondslag liggende adviesproces/traject.

Ganzevoort en Olthof hebben de toegenomen macht en invloed van de cliënt in hun eerder aangehaalde artikel handen en voeten gegeven. De volgende ontwikkelingen/-

factoren zijn volgens hen een steun in de rug van de positie van de cliënt:
- Een toenemend aantal adviesbureaus, onderzoeksbureaus, banken en overheidsinstellingen brengt branchestudies, EG-onderzoeken, salaris-enquêtes en dergelijke uit waarin relevante ontwikkelingen en vergelijkende cijfers worden gepresenteerd.
- Cliënten hebben zelf toegang tot nationale en internationale literatuur-databases.
- Studieboeken over bedrijfskundige onderwerpen worden steeds sneller op de markt gebracht.
- Er komen steeds meer videobanden beschikbaar waarop hoogleraren van gerenommeerde universiteiten hun inzichten beschikbaar stellen. Ook worden 'doe-het-zelf'-activiteiten door de klant gestimuleerd door bedrijfskundige methodeboeken en losbladige uitgaven met methoden en checklijsten.
- Er is een intensieve seminarindustrie in Nederland ontstaan waardoor kennisuitwisseling en -overdracht door managers en adviseurs aanzienlijk zijn versneld.
- De samenwerking tussen bedrijven en universiteiten is sterk geïntensiveerd en de uitwisseling van kennis navenant.
- Veel (top)managers maken deel uit van (wereldwijde) netwerken, waarin veel *know-how* en ervaring worden uitgewisseld. Een goed voorbeeld hiervan is de Conference Board te Brussel.

De cliënt staat door deze ontwikkelingen steeds sterker in de schoenen en laat dienaangaande steeds vaker (ook voor relatief reguliere opdrachten) meerdere (van elkaar verschillende) adviesbureaus opdraven om een offerte in te dienen. Samenvattend kunnen we stellen dat de *overall* concurrentie feller is geworden en in de nabije en verre toekomst eerder feller dan minder fel zal worden.

6.5 De balans: evenwicht of ...

Het Nederlandse organisatieadvieswezen is een relatief jonge branche die de afgelopen decennia snel is gegroeid. Organisatieadviseurs hebben van aanvang af als smeerolie van ondernemingen en non-profit instellingen gefunctioneerd. Op deze manier konden de geadviseerden zich in zeker opzicht tegen de grillen van de tumultueuze economische ontwikkelingen wapenen. Vele organisatieadviseurs vormen inmiddels de ruggegraat van vele bedrijfstakken. Organisatieadviseurs worden om deze reden weleens de nieuwe 'welzijnswerkers' genoemd.

Critici zijn minder mild. Zij koppelen de opkomst van de organisatieadviseur aan de versterkte trend naar afschaffing van dure staven. De vlucht van managers voor hun eigen verantwoordelijkheden - verantwoordelijkheden waarvoor ze zijn ingehuurd en doorgaans fors worden betaald - heeft naar hun mening de weg vrijgemaakt voor de opkomst van het woud van adviesbureaus. Managers en ondernemers beperken daarmee hun afbreukrisico. Anderen zijn van mening dat wanneer je met organisatieadviseurs in zee gaat, je er nooit meer van af komt. Niet iedereen is het daarmee eens. Voor velen blijft echter vast staan dat veel organisatieadviseurs te vaak een put komen dempen als het kalf al lang en breed verdronken is.

Dat neemt niet weg dat er een algemene tendens is in toenemende mate van de diensten van organisatieadviesbureaus gebruik te maken. Dit lijkt een structurele bedrijfsmaatschappelijke ontwikkeling te zijn. Organisatieadviesbureaus zijn omwille van redenen verband houdend met het afbreukrisico, flexibiliteit, deskundigheid en professionaliteit veelal hét aangewezen klankbord voor een met 'uitdagingen' geconfronteerde organisatie.

Steeds betere managers maken omdat ze haarscherp de grens tussen wat ze zelf kunnen en niet-kunnen weten aan te geven steeds meer van steeds beter gekwalificeerde organisatieadviseurs gebruik. Het inhuren van een organisatieadviesbureau is eerder niet dan wel een brevet van onvermogen. De toenemende complexiteit van organisaties fungeert in dit verband als een belangrijke contextuele factor die alleen maar aan belang zal toenemen. De markt met het verschijnsel concurrentie als smeerolie zal vervolgens via het mechanisme van vraag en aanbod voor een acceptabel kwaliteitsniveau zorg dragen.

7 CONCURRENTIEVERMOGEN

7.1 Algemeen

Er zijn verschillende factoren waarmee een organisatieadviesbureau in de toekomst een concurrentievoordeel kan behalen. Die factoren bepalen het concurrentievermogen van het organisatieadviesbureau. Een organisatieadviesbureau dat niet in staat is zich aan de hand van een van die factoren te onderscheiden, staat in de toekomst met een leeg pistool. Dergelijke bureaus zullen het onderspit delven in een concurrentiestrijd waarin het niet langer gaat om het oplossen van kruiswoordpuzzels maar om het oplossen van veel ingewikkelder cryptogrammen. Organisatieadviesbureaus zonder onderscheidende eigenschappen zijn daarvoor eenvoudigweg onvoldoende geëquipeerd.

Het toekomstig concurrentievermogen van een organisatieadviesbureau is een functie van een danwel meer van de volgende factoren: productpositionering, prijsbeleid, vestigingsplaats, mobiliteit, immateriële activa (als kennis en ervaring), omvang en eigendomsstructuur. Hier worden zeven dominante factoren onderscheiden. De opsomming is begrijpelijkerwijs niet volledig. De zeven factoren zijn bovendien niet wederzijds uitsluitend. De meeste factoren liggen in elkaars verlengde. De gepresenteerde volgorde is willekeurig.

7.2 Productpositionering

Concurrentievoordelen in het organisatieadvieswezen kunnen zelden behaald worden met de strategie van standaardisatie. *Every client wants its own cup of tea*. Een unieke productpositionering kan het concurrentievermogen van een organisatieadviesbureau vergroten.

Sommige bureaus hebben zich gespecialiseerd in het aanbieden van diensten waarmee specifieke marktsegmenten als *corporate finance, turn around management* en *human resources management*, strategievorming, internationaal management en logistiek management worden afgedekt. Voor het concurrentievermogen is het van het grootste belang dat er - ongeacht de wijze van productpositionering - handhaving van het kwaliteitsniveau plaatsheeft. Kwaliteit is afhankelijk van wie de adviesdienst levert maar ook wanneer, waar en hoe de adviesdienst wordt geleverd. Tevens heeft de opdrachtgever invloed op de kwaliteit van het advies. Een advies komt immers in de meeste gevallen door de nauwe interactie tussen de organisatieadviseurs en vertegenwoordigers van de cliënt tot stand.

7.3 Prijsbeleid

Ondernemingen die de prijzen van hun diensten (relatief) onafhankelijk kunnen vaststellen, kunnen eveneens een concurrentieel voordeel behalen.

De internationale accountantsgroepen kunnen door hun breedtestrategie in theorie een prijsstrategie hanteren, waarbij de lagere marges van de ene dienst gecompenseerd wordt door de hogere marges van een andere dienst, de praktijk van de kruislingse subsidies. Hiermee hebben zij een voorsprong op kleinere bureaus met een beperkte productportfolio. De kleinere bureaus hebben daardoor geen interne subsidiëringsmogelijkheden. Zij maken dan ook zelden van de prijsstrategie gebruik (Overigens: ook de grotere organisatieadviesbureaus maken om voor de hand liggende redenen bij voorkeur niet dan wel van de prijsstrategie gebruik).

Voor het organisatieadvieswezen geldt dat de kopers van adviezen relatief prijsinelastisch zijn. De prijsinelasticiteit is de afgelopen jaren echter afgenomen. De verwachting is dat deze ontwikkeling de komende jaren voort zal zetten. De slag om de cliënt is daar een oorzaak, maar ook een gevolg van.

7.4 Vestigingsplaats

Het element 'plaats' betekent in het organisatieadvieswezen de mate waarin de bureaus bereikbaar en de adviseurs beschikbaar zijn.

Het gevolg van de specifieke eigenschappen van diensten respectievelijk het niet in voorraad kunnen houden van een dienst en de interactie tussen de producent en de consument van die dienst vereist dat organisatieadviesbureaus zich bij voorkeur dicht bij hun cliënten moeten vestigen. Veel cliënten eisen niet voor niets dat de bureaus hen na reizen om in het buitenland op lokaal niveau te kunnen assisteren. Dit geldt in het bijzonder voor (Nederlandse) ondernemingen die in Oost-Europa, Rusland, het Verre Oosten en Latijns-Amerika hun vleugels uitslaan. Ook de steeds vaker gewenste implementatie en de factor 'inlevingsvermogen' vereisen dat de organisatieadviseur zich bij voorkeur in de buurt van zijn cliënten moet lokaliseren.

7.5 Mobiliteit

Niet alle organisatieadviesbureaus kunnen een internationaliserende cliënt volgen. Dat geldt niet alleen voor kleine, maar ook voor middelgrote en grote bureaus. In dat geval komt de mobiliteit van het organisatieadviesbureau om de hoek kijken.

Sommige bureaus zijn meester in het mobiliseren van de juiste teams voor internationale opdrachten op plaatsen waar ze geen vestiging hebben. Het grootste adviesbureau ter wereld, Andersen Consulting, geeft alleen al 40 miljoen dollar per jaar uit aan het internationale transport van organisatieadviseurs (en dan hebben we het nota bene over een bureau met relatief veel vestigingen in veel landen).

Een adviesbureau als Andersen Consulting is daardoor in staat succesvolle ideeën en projecten mondiaal te kapitaliseren. Internationaal mobiele organisatieadviesbureaus kunnen mede daardoor op veel functionele adviesterreinen een kritische massa aan kennis en ervaring opbouwen. Die kennis en ervaring is daardoor snel inzetbaar, een belangrijk concurrentieel voordeel jegens louter lokaal actieve organisatieadviesbureaus die iedere adviesopdracht *from scratch* moeten aanvatten.

7.6 Immateriële activa

Ook het bezit van specifieke immateriële activa kan leiden tot een concurrentieel voordeel. Een goede reputatie en naamsbekendheid spelen in het organisatieadvieswezen niet voor niets een cruciale rol. De daaraan ten grondslag liggende kennis en ervaring zijn belangrijke economische goederen. Kennisontwikkeling is dan ook een belangrijk aspect van het adviesvak.

Het aan de basis van een managementtrend staan levert adviesbureaus bepaald geen windeieren op. De voorbeelden zijn inmiddels bekend. Zo is de Boston Consulting Group de ontwerper van het leer- c.q. ervaringscurve-concept en de matrix van groeistrategieën, beter bekend als de BCG-matrix. Aan het einde van de jaren tachtig ontwikkelde George Stalk, ook van de Boston Consulting Group, de op de Japanse bedrijfspraktijk gebaseerde strategische gedachtengang van het *time-based management*. McKinsey&Company verwierf extra bekendheid middels het 7-S-model en de adviesgroep rondom Michael Hammer introduceerde enkele jaren geleden het fenomeen *reengineering*, de 'alles-moet-anders'-filosofie.

Momenteel surfen veel managers mee op de wassende golven van de *virtual corporation* annex de *project based enterprise*-trend. Managementfilosofieën fungeren als visitekaartjes, omdat ze bijdragen aan het vernieuwende en kwaliteitsimago van een organisatieadviesbureau. Adviseurs die in staat zijn om hun vak- en adviesvaardigheid op een creatieve en klantvriendelijke manier aan het papier toe te vertrouwen zijn goud waard. Ze genereren daarmee immers *business*.

Het verschijnsel 'deeltijdhoogleraar' wordt in dit verband vaak gezien als een verstandige investering voor een adviesbureau. Het levert immers toegang op tot een belangrijk kennis-mekka. Ook de toegang tot een vijver potentieel adviestalent waarin gevist kan worden is mooi megenomen. Van de titel 'hoogleraar' gaat voorts een signaal uit. We zouden weleens met een initiator van hoogwaardige en creatieve organisatie-adviezen annex -inzichten te maken kunnen hebben. Amerikaanse (voormalige) hoogleraren als Michael Porter, Michael Hammer, C.K. Prahalad, Tom Peters en John Kotter hebben daar slim gebruik van gemaakt.

Toch moet met managementfilosofieën uiterst behoedzaam worden omgegaan. Een organisatieadviesbureau (en nog meer de cliënt!) mag nooit uit het oog verliezen, dat een gegeven managementfilosofie nooit een kant en klare oplossing biedt. Een managementfilosofie kan slechts op een deel van de organisatieproblemen worden toegepast. Managementfilosofieën bieden *altijd* partiële oplossingen, *nooit* totaaloplossingen.

7.7 Omvang

Bestaat er een optimale omvang voor een organisatie-adviesbureau? Antwoord: nee, niet per definitie. Hoe komt het dan toch dat kleine gespecialiseerde boetiekjes en grote warenhuizen het doorgaans beter doen dan hun middelgrote tegenhangers?

Belangrijk in dit verband is het woordenpaar 'kritische massa'. Grote bureaus bedienen vaak veel verschillende soorten cliënten en staan die cliënten bij vele problemen bij. Kleine bureaus leggen zich in de regel toe op een specifiek marktsegment. Dit specifieke vakgebied wordt vaak door een ervaren, gezichtsbepalende adviseur met een goede reputatie en een indrukwekkend netwerk bediend. Het ondernemerschap schiet in kleine bureaus vaak goed wortel. Beide benaderingen resulteren in een kritische massa aan vak- en adviesvaardigheden en daarmee een kurk waarop men kan drijven.

Middelgrote organisatieadviesbureaus
Middelgrote adviesbureaus lijken op termijn tussen wal en schip te belanden, de zogenaamde polarisatiegedachtengang. Middelgrote organisatieadviesbureaus lijken hun tenten in de 'economische vallei des doods' te hebben opgeslagen. Ze hebben een te beperkte concurrentiële bandbreedte. Zij zijn te klein om grote lucratieve cliënten als Shell en Akzo Nobel mondiaal optimaal te bedienen en te groot (inclusief de aanzienlijke *overhead*) voor de zeer persoonsgebonden advisering van de kleine bureaus. Voor grote cliënten geldt voorts dat zij van de naamsbekendheid en de status van de Amerikaanse megakantoren en de multinationale accountantsgroepen kunnen profiteren. Bij ingrijpende reorganisaties wil dat als communicatiemedium nog wel eens helpen. De meerwaarde zit dan in de uitstraling die van de relatie met een groot organisatieadviesbureau uitgaat. Middelgrote adviesbureaus moeten die uitstraling in de regel ontberen.

Middelgrote organisatieadviesbureaus trekken ook in vergelijking met de kleinen vaak aan het kortste eind. Kleinere adviesbureaus hebben naast de vergaande persoonlijke aandacht en betrokkenheid met het reilen en zeilen van de cliënt en de veelal omvangrijke specifieke kennis en ervaring nog iets te bieden, te weten de door de bank genomen lagere tarieven. Dat heeft niets met de directe kosten (die vanwege de hoogwaardige deskundigheid vaak even hoog danwel hoger zijn) te maken, maar alles met de veel lagere indirecte kosten (de *overhead*). Dat kostenvoordeel kan in de praktijk fors oplopen. Middelgrote kantoren moeten dit onderscheidende kostenvoordeel van kleinere kantoren vaak ontberen (de multinationale kantoren profiteren op hun beurt door het uitwisselen van kennis en ervaring van synergetische effecten en de mogelijkheid de kruislingse subsidiestrategie toe te passen).

Veel middelgrote adviesbureaus zijn dan ook meer dan andere adviesbureaus afhankelijk van de groei van de markt voor organisatieadviezen. Conjuncturele dalen komen vooral onder middelgrote organisatiebureaus hard aan. Een meer dynamische invalshoek levert hetzelfde sombere beeld op. Grote nationale organisatieadviesbureaus vinden het doorgaans moeilijk om internationaal met hun cliënten mee te groeien. Op dat moment kiezen cliënten (ook die van het eerste uur) voor een internationaal goed geëquipeerde partij. Diverse Nederlandse grote en middelgrote organisatieadviesbureaus hebben om deze reden lucratieve opdrachten aan hun neus voorbij zien gaan.

Kleine organisatieadviesbureaus
De kleine organisatieadviesbureaus hebben in feite maar één gevaar te duchten: groei. Hun aantrekkelijkheid voor een cliënt schuilt immers vooral in de kleinschaligheid en de specifieke hoogwaardige expertise die zich in de regel manifesteert in de vorm van veel *hands-on* ervaring. Laatstgenoemde eigenschappen vormen echter een vruchtbare voedingsbodem voor groei. Klein en effectief blijven is voor die bureaus een grote uitdaging. Efficiënt opereren is voor kleine bureaus van secundair belang. Zij kunnen immers niet profiteren van het internationale netwerk van hun grote collegae, en zullen daardoor regelmatig hetzelfde wiel uitvinden.

Grote organisatieadviesbureaus
De uitdaging voor de grote kantoren schuilt vooral in het optimaliseren van de efficiëntie en het voorkomen van *diseconomies of scale*. Hun concurrentieel voordeel is vooral op de vergaande professionalisering in de vorm van een soepele en intensieve uitwisseling van kennis en ervaring en daarmee een hoge mate van efficiëntie gestoeld.

Grote organisatieadviesbureaus bieden doorgaans een bont palet niet-adviesfuncties. Adviseurs kunnen zich met andere woorden als senior ontwikkelen en op die manier partner/directeur worden. Tegelijkertijd kunnen ze zich als manager ontwikkelen. Grote organisatieadviesbureaus beschikken veelal over een aanzienlijk aantal managementfuncties. Dergelijke functies hebben niet altijd de ex ante veronderstelde positieve toegevoegde waarde. Sommige grote organisatieadviesbureaus worden er fitter door, de meeste vetter.

Crux
Middelgrote bureaus worstelen zowel met de effectiviteit als de efficiëntie van hun bedrijfsvoering. Voor die bureaus geldt dat men ofwel de groei kunstmatig moet afremmen c.q. moet gaan krimpen ofwel versneld moet gaan groeien, vaak met alle contraproductieve gevolgen van dien voor de in adviesland zo gekoesterde kantoorcultuur.

7.8 Eigendomsstructuur

Ook de eigendomsstructuur kan het concurrentievermogen significant beïnvloeden. Een directeur-eigenaar is bijvoorbeeld sterk verbonden met zijn onderneming en zal een actieve houding tonen bij het acquireren van een gegeven opdracht. Het voortbestaan van zijn onderneming is uiteindelijk een functie van zijn - ondermeer acquisitie - talent. Hij zit ook bij een eventuele implementatie in de regel zeer kort op de bal.

Dergelijke eigendomsconstructies zijn vooral actueel onder de wat kleinere bureaus. Dat komt in de regel het competitieve gehalte van een organisatieadviesbureau ten goede. De groteren hebben vaak meer *juniors* en ondersteunend personeel in dienst. Zij zijn niet direct bij het acquireren van opdrachten betrokken. De juridische en 'informele' structuur van het adviesbureau - en daarmee de factor *commitment* - speelt een niet te onderschatten rol in het organisatieadvieswezen.

8 OVER MORGEN EN OVERMORGEN

8.1 Algemeen

De vooruitzichten zijn voor de meer bekende organisatieadviesbureaus zonnig. Naarmate het aantal organisatieproblemen toeneemt, de organisatieproblemen complexer worden, wederzijdse relaties (opdrachtgever/opdrachtnemer) structureler (in plaats van incidenteler) van aard worden, er in toenemende mate privatiseringsoperaties voorbereid worden en uitgevoerd moeten worden, informatietechnologische ontwikkelingen steeds sneller lijken te gaan, de fusie-, overname- en internationalisatiegolf eerder hoger dan lager lijkt te worden, adviezen vaker uitgevoerd moeten worden, veel productiegeoriënteerde organisaties meer *market minded* gemaakt moeten worden en de *outsourcing*-trend doorzet, zal de behoefte aan *trouble shooters* manifest blijven en eerder toe- dan afnemen. De contracten lijken vandaag de dag langer, omvattender en strategischer van aard te zijn. Veel organisaties worden voortdurend verrast door ontwikkelingen die vragen oproepen die zij zelf niet danwel slechts ten dele kunnen beantwoorden.

Na echter kennis van de voorgaande hoofdstukken genomen te hebben zal duidelijk zijn dat er op diverse fronten nog verschillende weerbarstige en lastige uitdagingen liggen. Organisatieadviseurs belanden in de toekomst zeker niet op een gespreid bedje. Dat heeft alles met de noemer van de uitdagingen te maken: de steeds fellere onderlinge rivaliteit. In plaats van elkaar de olijftak aan te reiken gaan steeds meer bureaus vaker met elkaar op de vuist. In dit concurrentiegeweld spelen vooral de multinationale accountantsgroepen, de grote nationale organisatieadviesbureaus, de Amerikaanse megakantoren en de zelfstandige adviseurs een 'eigen' rol.

8.2 Multinationale accountantsgroepen

De multinationale accountantsgroepen die zichzelf als multidisciplinaire dienstverleners zien zullen zich steeds vaker met het management van de inherente spanning tussen accountants en organisatieadviseurs bezig moeten houden. Accountants hebben een vaste relatie met een cliënt, terwijl organisatieadviseurs een veel lossere relatie met diezelfde cliënt hebben. Dergelijke *get-togethers* kunnen nogal negatief uitpakken. De organisatieadviespoot kan daarmee de relatie tussen de accountants en hun cliënten ontwrichten.

Voorts loopt men het reële risico met het Winkel van Sinkel-virus besmet te worden. De grote accountantsgroepen mogen dan de Wet van de Grote Getallen het risicospreidende werk laten doen, het Winkel van Sinkel-virus kan ingrijpende gevolgen hebben voor het imago van de onderneming in kwestie.

De komende jaren worden nog vele beren op de inmiddels drukbevolkte wegen verwacht. Nog lang niet alle recentelijk gerealiseerde acquisities zijn in kannen en kruiken. Het merendeel van de adviespoten van de multinationale accountants drijft nog steeds niet op eigen wieken. Interne organisatieontwikkeling heeft nog steeds niet het primaat. In dat opzicht hebben bijna alle multinationale accountantsgroepen nog een forse inhaalslag te maken. Andere uitdagingen hebben betrekking op het volgende:

- *Hoe differentieer ik me als grote accountantsgroep van de concullega's?* Andersen Consulting heeft zich mede om die reden van Arthur Andersen losgeweekt. Het positioneren van Andersen Consulting als consultancy wordt erdoor vereenvoudigd. De andere accountantsketens worden nog steeds over een kam geschoren.

- *Hoe ontwikkel (entertain?) ik de jonge (veeleisende) en kwalitatief hoogwaardige consultants?* Het verloop onder grote accountantskantoren is relatief hoog - alle tot nog toe geëntameerde initiatieven ten spijt.

Ook relatief veel senior organisatieadviseurs slaan weleens met de deur en geven er voordat het zo begeerde *partnership* bereikt is de brui aan. Het institutionele gebrek aan vernieuwend vermogen is hier veelal debet aan. De declaratiedruk staat het nemen van initiatieven in de weg. De hoge mate van door accountancy kantoren toegepaste standaardisatie - noodzakelijk om efficiënt te kunnen opereren - spreekt veel adviseurs in de loop der tijd steeds minder aan. Het deel uitmaken van wat in de wandelgangen als 'adviesfabriek' doorgaat en de daarmee gepaard gaande imago-effecten fungeert niet zelden als de welbekende drup. Dit is een cruciale uitdaging voor de accountancy kantoren, niet in het minst vanwege de noodzaak nieuwe cliënten aan zich te binden en meer *business* uit de bestaande cliënten te genereren.

- *Hoe creëren we een herkenbaar gezicht naar de cliënt toe?* Veel potentiële cliënten weten (nog steeds) niet wat de accountantsketens op organisatieadviesvlak precies te bieden hebben. Dat ze veel aanbieden is inmiddels duidelijk, maar wat nu eigenlijk precies is voor veel potentiële cliënten van organisatieadviesdiensten nog steeds een raadsel. Dat heeft overigens alles met percepties te maken.

    Accountancy verschilt wezenlijk van consultancy, bijvoorbeeld:
    - Marktbewerkingsstrategieën van consultants zijn agressiever dan die van accountants.
    - De filosofie van de marktbewerking verschilt significant. Accountants denken sterk vanuit een gesloten systeem-benadering (*black box*-model), terwijl consultants eerder het open-systeem denken aanhangen. Een meer fundamenteel vraagstuk luidt eigenlijk: kunnen accountants en consultants wel synergetisch onder één dak functioneren?
    - De geaardheid van accountants en consultants ligt mijlenver uiteen. Consultants zijn ideeën-mensen. Accountants zijn geobsedeerd door cijfers. We zien dit terug in de *output* van de beide partijen.

- Accountants hebben een volstrekt andere *input* nodig dan consultants. Hun opleiding en *on-the-job-training* heeft een veel stricter karakter. Accountants doen veel van hun kennis op tijdens hun opleiding en cursussen. Consultants daarentegen zien iedere opdracht als een casus waarvan geleerd kan (en moet) worden.

* *Hoe waarborg ik als accountancy-reus de kwaliteit van de dienstverlening?* De zeer snelle groei van de afgelopen jaren (die vaak anorganisch was en schoksgewijs tot stand werd gebracht) heeft een zware wissel getrokken op de kwaliteit van de bemensing van de accountancy-reuzen. *Total quality management*, een religie waar veel consultants hun boterham mee verdienen, zal intensief op de accountancy-ketens toegepast moeten worden. De markt dwingt ze daar toe. De afgelopen jaren hebben een ontwikkeling laten zien, waarbij opdrachtgevers steeds meer willen weten over de achtergrond en kwaliteiten van de individuele adviseurs waarmee gewerkt wordt. Voor relatief onervaren consultants zal niet langer plaats zijn. De markt vraagt in toenemende mate om *high-quality seniors*.

* *Hoe organiseer ik me intern?* De snelle groei heeft eveneens een forse hypotheek gelegd op de 'organisatie van de onderneming'. Accountantsketens zullen zowel intern als extern adequaat geëquipeerd moeten zijn. Dat dit over de hele linie nog steeds niet het geval is zal duidelijk zijn.

8.3 Grote nationale adviesbureaus

De grote nationale organisatieadviesbureaus (bijvoorbeeld Berenschot, Twijnstra Gudde en Bakkenist Management Consultants) zijn qua internationale spreiding in Rome geweest, maar hebben de paus niet gezien. Hun internationale netwerken zijn het *trial and error*-stadium nog steeds niet ontgroeid. De netwerken zijn:
* incompleet (de partiële samenwerkingsvormen dekken in de regel slechts enkele functionele gebieden af);

- in geografisch opzicht niet goed dekkend (de samenwerkingsverbanden beperken zich in de regel tot één danwel enkele landen);
- instabiel (het is niet zelden een komen en gaan van nationale partners, partners die niet zelden meerdere allianties hebben, een verschijnsel dat de professionele consolidatie niet ten goede komt).

Van het maken van een daadwerkelijke vuist tegen de belangrijkste concurrenten, de grote Amerikaanse organisatieadviesbureaus en de internationale accountantsgroepen, is vooralsnog geen sprake. De al jarenlang hogere groeicijfers van die bureaus is daarvoor maatgevend. De figuur van het grote nationale organisatieadviesbureau lijkt dan ook door de tijd te zijn overleefd. Hun strategische manoeuvreerruimte is echter beperkt. Zo voelen ze weinig voor een fusie met een van de grote Amerikaanse megabureaus danwel de *big six*. Ze willen geen schakel zijn in een grotere keten. Enigszins begrijpelijk, gezien het reële risico om de eigen identiteit te verliezen. Juist die identiteit geeft vorm en inhoud aan de herkenbaarheid op de zo gekoesterde thuismarkt.

Naast het feit dat ze qua omvang veel kleiner zijn speelt ook mee dat die bureaus hun eigen marktbenadering hebben. Het actief bewerken van de nationale 'eigen' overheid en het commercieel benutten van bepaalde nissen als projectmanagement heeft de voorkeur. Berenschot heeft nauwe banden met politiek Den Haag; Twijnstra Gudde munt uit in het mede door haar ontwikkelde projectmanagement (denk hierbij vooral aan de begeleiding van bouwprojecten in de dienstverlening en de gezondheidszorg). De Amerikaanse megakantoren houden zich veel meer bezig met de strategische advisering, terwijl de multinationale accountantsgroepen een sterke positie hebben in de markt voor informatie-adviezen (in de meest brede zin van het woord).

8.4 Amerikaanse megakantoren

Voor de grote Amerikaanse megakantoren geldt dat zij in de toekomst in toenemende mate met de multinationale accountantsgroepen zullen moeten duelleren en dan met name om opdrachten met een hoog strategisch gehalte c.q. opdrachten die de marsroute van een cliënt raken.

De multinationale accountantsgroepen schuiven steeds vaker op richting het lucratieve *boardroom consultancy*, het oorspronkelijke domein van de Amerikaanse kantoren. *Boardroom consultancy* levert niet alleen meer op, het is bovendien in conjunctureel opzicht aantrekkelijk, want minder beïnvloedbaar door op- en neergaande conjunctuurgolven.

De inleidende schermutselingen zijn reeds gaande. De diversiteit van de multinationale accountantsgroepen maakt dat ze moeilijk te bestrijden zijn. De accountantsgroepen lopen bovendien in sneltreinvaart hun kennisachterstand op het terrein van de strategieadvisering in. De sinds enkele jaren actuele migratie die tussen de Amerikaanse megakantoren en de accountantsgroepen plaatsheeft draagt hieraan bij. Dat de toekomstige marges onder druk zullen komen te staan spreekt min of meer voor zich. De multinationale accountantsgroepen zullen in dat geval op hun gediversificeerde activiteitenportfolio terug kunnen vallen; Amerikaanse mega-adviesbureaus ontberen die mogelijkheid.

Aan de andere kant van het concurrentiële spectrum bivakkeert de zelfstandige (top)adviseur. Ook hij/zij acquireert steeds vaker interessante *boardroom assignments*. Op persoonlijke titel, zonder welke organisatorische infrastructuur dan ook. Zij concurreren met een aantrekkelijke prijs/kwaliteitsverhouding en een aansprekende reputatie. Het antwoord van de *strategy boutiques* op deze hoogwaardige *one-man bands*: het *multi-boutique*-concept. Het multi-boutique-concept omvat het onder een dak opzetten van meerdere specialismen. Inderdaad, een vorm van diversificatie.

Daarmee ontwikkelen ook de traditionele *strategy boutiques* als McKinsey&Company zich steeds meer als *one-stop shops*. Het werkterrein van de accountancy-ketens en de klassieke Amerikaanse *strategy boutiques* lijkt daarmee te convergeren. Het feit dat steeds meer *strategy boutiques* 'dieper in de implementatie gaan zitten' onderstreept dat ook zij hun professionele grenzen verleggen. Zelf spreken de *strategy boutiques* bij voorkeur over het verleggen van het accent op *presented logic* (het bureau beperkt zich tot een doorwrochte strategische analyse) naar *discovered logic* (het bureau zoekt samen met de cliënt naar een oplossing voor het strategische vraagstuk, waarbij het bureau een gidsfunctie heeft en de cliënt zelf het merendeel van het werk voor zijn rekening neemt).

8.5 De zelfstandige adviseur

De situatie in Nederland wordt er voor de zelfstandige adviseur bepaald niet eenvoudiger op. Uitzonderingen zijn de *boardroom* consultants als Co de Koning (een van de vroegere oprichters van Horringa&de Koning - thans BCG). Zij hebben weinig te vrezen van welke toekomstige ontwikkeling dan ook. 95 Procent van de zelfstandige organisatieadviseurs is echter geen *boardroom* consultant. De vanzelfsprekendheid van hun marktpositie staat dan ook geenszins vast.

De zelfstandige consultants zullen in toenemende mate met het groeivirus van in het bijzonder de grote accountancy-kantoren te maken krijgen. De accountancy-kantoren penetreren in Nederland in toenemende mate ook het geografische werkterrein van de zelfstandige consultants: alles buiten de Randstad en de grote steden in den lande. De *allround* deskundigheid en zichtbaarheid (wie kent niet de langs de snelweg opgestelde blauwe blokken van KPMG?) weegt niet zelden met gemak op tegen de lagere overheadkosten, de betrokkenheid en het specialisme van de zelfstandige adviseur.

Wellicht ten overvloede: groot en bekend is niet noodzakelijkerwijs *beter* dan klein en onbekend. Positief voor de zelfstandige organisatieadviseur is de tendens dat opdrachtgevers steeds meer kijken naar de kwaliteit en *track-record* van de individuele adviseur waarmee gewerkt moet worden. Een opdrachtgever weet dat een zelfstandige adviseur altijd zijn adviseur is, terwijl bij een groot organisatieadviesbureau partners acquireren maar zich in lease auto's voortbewegende goedgebekte en *well-dressed* adviseurs (niet zelden *juniors*) implementeren (de partner fungeert in dat model meer als een interne *counselor* dan als een externe organisatieadviseur). Veel opdrachtgevers zijn hier de afgelopen jaren anders naar gaan kijken. En terecht. Individuele reputaties worden belangrijker - *corporate* reputaties blijven overigens belangrijk.

Een relatief nieuwe trend is het over de gehele linie van het Nederlandse organisatieadvieswezen opkomende verschijnsel waarbij adviseurs het *seniorship* van een groot kantoor met een bekende naam omruilen voor het avontuurlijke *entrepreneurship*. Dergelijke adviseurs vissen in de regel niet in de vijver waarin ook de voormalige werkgever vist. Zoiets wordt als *not done* gezien. Sommige organisatieadviseurs nemen wel cliënten mee, maar lossen het vervolgens netjes op door bijvoorbeeld bij tijd en wijle de voormalige werkgever daarvoor financieel tegemoet te komen.

De praktijk van de uittredende *senior* zal in de toekomst alleen maar belangrijker worden. Die heeft geleerd dat dergelijke adviseurs door hun nauwe banden met opdrachtgevers hun specifieke kennis en ervaring alleen maar toe zien nemen. Het (nog beter) in de vingers krijgen van het organisatieadviesvak is net als bij veel andere ambachten vooral een kwestie van doen. 'Eén-op-één'-situaties zijn in dat verband het productiefst. Dat gebeurt eerder in kleine ondernemende verbanden dan in adviesfabrieken die qua procedureel apparaat weinig afwijken van veel van hun bureaucratische evenknieën, hun opdrachtgevers.

De zelfstandige organisatieadviseur zal echter voor één *asset* van de grote adviesbureaus beducht moeten zijn en blijven: hun vermogen om fors in de organisatorische *software* en *hardware* te investeren. Veel grote kantoren steken 6 tot 9 procent van hun omzet in het ontwikkelen van nieuwe producten en diensten. Ook het publiceren van onthullende en vernieuwende boeken en het organiseren van seminars is doorgaans louter aan de wat grotere marktpartijen voorbehouden.

De factor omvang wil echter ook nog weleens in het voordeel van de kwalitatief hoogwaardige zelfstandige organisatieadviseur werken. Naarmate de 'holle bolle Gijzen' onder de opdrachtgevers vaker van organisatieadviesbureaus gebruik maken, zal minder vaak op de vorm (de naam/bekendheid bureau) en vaker op de inhoud (de individuele kwaliteiten van een adviseur - waarmee hij bijvoorbeeld vaker naar tevredenheid heeft gespard) afgegaan worden. In dat geval wordt immers net als bij andere professies (als notarissen, medici) louter en alleen gekeken naar de deskundigheid van de persoon in kwestie. Consultancy blijft immers vooreerst *people's business*. Organisatieadviesbureaus die tezeer de nadruk leggen op de factor *business* in plaats van de factor *people's* staan met hun rug naar de in beginsel florissante toekomst. Ook deze ontwikkeling heeft positieve gevolgen voor een voortgaande professionalisering van het Nederlandse organisatieadvieswezen.

8.6 De kwaliteit van de adviseur

Meer in het algemeen geldt dat opdrachtgevers steeds kritischer zullen worden. Organisatieadviezen worden in de regel niet langer voetstoots aangenomen. Het volgen van de cliënt wordt belangrijker. In zekere zin terecht, want de implementatie van de adviezen schiet soms schromelijk tekort. Veel indrukwekkende papieren constructies blijken in de praktijk niet uitvoerbaar te zijn. En dat terwijl de toegevoegde waarde van een organisatieadviseur juist in de uitvoerbaarheid van de bedachte oplossingen ligt. Het gaat per slot van rekening om zijn advieskwaliteit. Het begrip 'organisatieadviseur' is in dat opzicht nogal misleidend. Het is niet toevallig dat de Nederlandse adviesmarkt sinds kort weer met het lange tijd zo verfoeide *no cure, no pay*-systeem wordt gepenetreerd.

HRM

De snelle groei van het organisatieadvieswezen leidt tot een luxeprobleem: waar haal ik namelijk de beste adviseurs vandaan? *Business schools* en universiteiten zijn klassieke jachtterreinen voor organisatieadviesbureaus. De laatste jaren zijn deze twee 'distributiekanalen' echter onder druk komen te staan. Een capaciteitsvraagstuk doemt op aan de horizon. 'Echt' goede *business school*-studenten en jonge academici zijn schaarser aan het worden en hebben daarenboven vaak meerdere aanbiedingen (ook van bedrijven buiten het organisatieadvieswezen) op zak. Daarnaast vraagt de markt steeds vaker *seniors* met kwalitatief hoogwaardige ervaring.

Voor 'de potentiële arbeidsmarkt' is het moeilijk kiezen omdat vrijwel alle bureaus zonder uitzondering van dezelfde marketingtechnieken gebruik maken, overeenkomstige arbeidsvoorwaarden bieden, in inhoudelijk opzicht niet onderscheidend zijn (welk organisatieadviesbureau doet niet aan *reengineering*?), op zoek is naar dezelfde 'soort' adviseur en dies meer zij. Die laatste reden heeft er mede toe bijgedragen dat diverse organisatieadviesbureaus steeds assertiever uit het reguliere bedrijfsleven zijn gaan werven. Robert Reibestein van McKinsey & Company maakte dit fenomeen voor het eerst in 1995 in een interview met *NRC Handelsblad* expliciet.

Daar komt nog bij dat de jonge, ambitieuze en internationaal georiënteerde *high-potential* meer oog heeft gekregen voor andere vormen van hoogwaardige adviesverlening, zoals advisering door *investment banks*. Ook voor Nederlandse *high-potentials* liggen Frankfurt en Londen 'om de hoek'. De aanvangssalarissen en doorgroeimogelijkheden zijn in de wereld van de *haute finance* vaak aanmerkelijk attractiever. Met het profiel van de ideale schoonzoon/dochter zijn we inmiddels bekend. Ook het profiel van de ideale organisatieadviseur kristalliseert langzaam maar zeker uit. Bijgevolg: de concurrentie om *high-potentials* zal alleen maar toenemen.

De opdrachtgever wil het naadje van de kous weten. Ook voor hem staat er meer op het spel, want ook voor hem wordt de concurrentiestrijd op het scherpst van de snede uitgevochten. Organisatieadviezen zijn tegenwoordig niet langer richtlijnen inzake hoe te handelen indien zich een probleem voordoet. Adviezen moeten vooreerst uitvoerbaar zijn en concrete en bij voorkeur duurzame resultaten(verbeteringen) opleveren. Oplossingen van probleemstellingen moeten ten allen tijde de laatste halte van de gedachte zijn gepasseerd.

Al deze pulserende ontwikkelingen maken het advieswerk er niet eenvoudiger op, temeer daar steeds meer opdrachten in de vorm van *client based teams* uitgevoerd worden. Vertegenwoordigers van de opdrachtgever hebben niet zelden een afwijkende oplossing van het aan het adviesbureau voorgelegde probleem in het vizier.

Andermaal wordt duidelijk dat de organisatieadviseur het belangrijkste activum van een adviesbureau is. De organisatieadviseur zal zich meer dan ooit in het *relationship management* moeten verdiepen. Hij moet in het omgaan met mensen en groepen excelleren. De kwantiteit aan en de kwaliteit van professionele relaties blijft de sleutel van succesvol advieswerk. Het gaat daarbij niet om de cosmetiek van het verpakken van het adviesproduct alswel om het stuwende ondernemerschap dat een organisatieadviseur nu eenmaal in zich moet hebben. Hij moet zich uitermate goed in het wel en wee van de opdrachtgever kunnen inleven. Hij moet zijn belangen ten allen tijde voor laten gaan. Tegelijkertijd moet hij objectief en afstandelijk want professioneel blijven opereren. Hij dient zich wat in bedrijfsethisch opzicht betreft overeenkomstig een ware professional in de meest ruime zin van het woord te gedragen. Organisatieadviseurs zullen met andere woorden 'in balans' moeten zijn: inlevingsvermogen (subjectiviteit) en beoordelingsvermogen (objectiviteit) zijn twee zaken die tegen elkaar aanleunen maar nooit in elkaar over mogen gaan. De organisatieadviseur zal in de naaste toekomst meer dan ooit consequenties moeten kunnen overzien en op basis daarvan een weloverwogen keuze voor een gegeven oplossing moeten baseren.

Fees

Er is de afgelopen vijf jaar sprake geweest van een toenemende druk op de *fee*-structuur. Dat heeft onder meer te maken met de volgende redenen:

- de sterk toegenomen salarissen stuwen de *fees* op naar een (te) hoog niveau. Er is sprake van een *run* op senior consultants die ruim gehonoreerd worden. Diverse organisatieadviesbureaus hebben deze uitdaging overigens gepareerd, door een expliciet onderscheid te maken tussen - doorgaans matig betaalde -*support*-functies (als *business analysts*) en consulting-functies. Ook veel pas afgestudeerde *high-potentials* moeten veelal een langdurige leerschool ondergaan. Op deze manier zijn organisatieadviesbureaus in staat hun *leverage* te optimaliseren: relatief goedkope (junior) consultants die het 'vak' eigenlijk nog moeten leren worden tegen hoge prijzen in het veld gezet.

- het toegenomen kennisniveau en daardoor de toegenomen machts- annex onderhandelingspositie van de opdrachtgevers.

- het toenemende aantal marktpartijen (die gemakkelijker tegen elkaar uitgespeeld kunnen worden).

- het verschijnsel convergentie van de dienstverlening. Steeds meer adviesbureaus bieden dezelfde danwel overeenkomstige diensten aan. Wat de een *reengineering* noemt, noemt een ander *core process redesign*, terwijl een derde spreekt over *business redesign*. Sommige bureaus zijn meester in het ontwerpen van *global strategies*, andere bureaus spreken over *international management strategies*, a-nationale strategievorming, transnationaal management en dies meer zij.

- het - onder organisatieadviesbureaus nog steeds actuele - onvermogen om de inspanningen meetbaar te maken. 'Organisatieadvies' blijft een relatief ongrijpbaar verschijnsel.

De te bewandelen weg is lang en bezaaid met moeilijk te omzeilen objecten en te nemen hobbels. Het Nederlandse organisatieadvieswezen heeft als professie nog enkele kwaliteitsslagen te maken. Potentiële opdrachtgevers reageren nog steeds dubbelzinnig op het fenomeen organisatieadviseur, hoewel op dit vlak significante verbeteringen hebben plaatsgevonden. De inspanningen van de ROA en OOA zijn dapper en vaak goed doordacht, maar altijd partieel van aard. Veel topadviseurs zijn (overigens bewust) nog steeds geen lid van een beroepsorganisatie. Mijn ex-collega's van McKinsey&Company, maar ook concullega's bij andere (doorgaans Amerikaanse danwel op Amerikaanse leest geschoeide) bureaus willen zo onafhankelijk mogelijk zijn en blijven. Zij leggen de kwaliteitslat op een door hen bepaald niveau: het allerhoogste.

De markt is de ultieme scheidsrechter en kwaliteitszeef en iedere organisatieadviseur zal *an sich* moeten voldoen aan de hoogste ethische moraal, namelijk die van het algemeen belang. De relatief korte historie van het organisatieadviesvak, de onvergelijkbaarheid van de (ethische) codes van de verschillende adviesbureaus, de kwetsbaarheid van de individuele reputaties en daarmee de bureaureputaties, de concurrentie met de opdrachtgever (we concurreren immers vaak rechtstreeks met managers), de weinig stabiele marktvraag en het (mede daardoor) afwezig zijn van een evenwicht tussen het vaak overweldigende aanbod van organisatieadviseurs en het beperkte aantal krenten uit de adviespap compliceren een en ander significant. Daarover is het laatste woord nog lang niet gezegd, laat staan geschreven.

Tot slot

Iemand heeft eens gezegd dat management consultancy een blijvende professie is met een stevige voet tussen de deur van de bestuurskamer van organisatie X. Dat was volgens hem af te leiden uit het feit dat er relatief weinig grappen en grollen over organisatieadviseurs in de omloop zijn. De twee bekendste:
- een organisatieadviseur is iemand die je horloge leent om je daarna te vertellen hoe laat het is;
- organisatieadviseurs zijn mannen (...) die op minstens honderd manieren de liefde weten te bedrijven maar geen vrouwen kennen.

OVER DE AUTEUR

Pieter Klaas Jagersma is ondernemer, hoogleraar bedrijfskunde en lid van uiteenlopende raden van commissarissen en advies. Hij is werkzaam geweest bij McKinsey & Company en KPN Finance (managing director).

AANBEVOLEN LITERATUUR

Het organisatieadviesvak praktiseren is een onderhoudende exercitie. Het schrijven over de *ins* en *outs* van het organisatieadviesvak is eveneens uitermate boeiend. Sommige organisatieadviseurs klimmen regelmatig in de pen. Anderen beperken zich tot het nauwgezet volgen van de vakliteratuur. Hieronder zijn enkele geschriften (vaak boeken en artikelen) die mij persoonlijk meer dan gemiddeld hebben geboeid op alfabetische volgorde onder elkaar gezet.

Ackoff, R.L., *The Art of Problem Solving*, John Wiley&Sons, New York, 1978.

Argyris, C., *Overcoming Organizational Defenses*, Allyn and Bacon, 1990.

Asian Productivity Organization, *Productivity through Consultancy in Small Industrial Enterprises*, APO. Tokyo, 1974.

Blake, R.R. and J.S. Mouton, *Consultation*, Addison-Wesley, Reading; Mass., 1976.

Boettinger, H.M., *New Directions for Management and Consultants*, The Conference Board Record, Volume 12, Number 3, 1975.

Bowen, D.L., *When and How to Use a Consultant: Guidelines for Public Managers,* Public Administration Review, Volume 38, Number 5, 1978.

Dexter, A.S., *Making Your Call on a Consultant a Success*, The Business Quarterly, Volume 40, Number 3, 1975.

Economist, The, *Surveys*.

Ferguson, C.K., *Concerning the Nature of Human Systems and the Consultant's Role*, Journal of Applied Behavioral Science, Volume 4, Number 2, 1968.

Financial Times, *Surveys*.

Fuchs, J., *Making the Most of Management Consulting Services*, AMACOM, New York, 1975.

Fuchs, J., *Management Consultants in Action*, Hawthorne Books, New York, 1975.

Fuchs, J., *Management Consulting Services Reduce Costs*, Office, Volume 87, Number 1, 1978.

Higdon, H., *The Business Healers*, Random House, New York, 1970.

Hodgson, R.C., *Consulting: A Model for Management Development*, Business Quarterly, Volume 43, Number 2, 1978.

Hyman, S, *An Introduction to Management Consultancy*, Heinemann, London, 1961.

Ganesh, S.R., *Organizational Consultants: A Comparison of Styles*, Human Relations, Volume 31, Number 1, 1978.

Greiner, L.E. and R.O. Metzger, *Consulting to Management*, Prentice-Hall Inc., Englewood Cliffs; N.J., 1983.

Hollander, S.C. and S.R. Floster, *Management Consultants and Clients*, E. Lansing, Michigan, 1972.

Horovitz, B., *Advice a CEO Likes to Get*, Industry Week, Volume 203, Number 5, 1979.

Hunt, A., *The Management Consultant*, Ronald Press, New York, 1977.

Kelly, R.E., *Should You Have an Internal Consultant?*, Harvard Business Review, Volume 57, Number 6, 1979.

Kelley, R.E., *Consulting: The Complete Guide to a Profitable Career*, Charles Scribner&Sons, New York, 1981.

Kennedy, J.H., *Management Consultants and Conflict of Interest*, Dun's Review, Volume 111, Number 3, 1978.

Klein, H.M., *Other People's Business - A Primer on Management Consultants*, Mason-Charter, New York, 1978.

Kolb, D.A. and A.L. Frohman, *An Organization Development Approach to Consulting*, Sloan Management Review, Fall, 1970.

Krupp, S., *Pattern in Organization Analysis: A Critical Examination*, Holt, Rinehart and Winston, New York, 1964.

Kubr, M. (ed.), *Management Consulting: A Guide to the Profession*, ILO, Geneve, 1976.

Levitt, T., *Marketing Intangible Products and Product Intangibles*, Harvard Business Review, Number 3, 1981.

Lippitt, G. and R. Lippitt, *The Consulting Process in Action*, La Jolla, Calif., 1978.

McCaskey, M.B., *The Hidden Messages Managers Send*, Harvard Business Review, Number 6, 1979.

Miner, J.B., *The Management Consultant First as a Source of High-Level Managerial Talent*, Academy of Management Journal, Volume 16, Number 2, 1973.

Payne, A. and C. Lumsden, *Strategy Consulting: a Shooting Star?*, Long Range Planning, Volume 20, Number 3, 1987.

Schaffer, R.H., *Advice to Internal and External Consultants - Expand Your Client's Capacity to Use Your Help*, Advanced Management Journal, Volume 41, Number 4, 1976.

Schein, E.H., *Process Consultation: Its Role in Organization Development*, Addison-Wesley, Reading; Mass, 1969.

Schön, D., *The Reflective Practitioner. How Professionals Think in Action*, New York, 1983.

Shay, P., *How to Get the Best Results From Management Consultants*, ACME, New York, 1974.

Shay, P., *The Common Body of Knowledge for Management Consultants*, ACME, New York, 1974.

Song, N., *Use and Abuse of Management Consultants*, Canadian Chartered Accountant, Volume 104, Number 2, 1974.

Steele, F., *Consulting for Organizational Change*, UMP, Amherst; Mass., 1975.

Steele, F.I., *Consultants and Detectives*, Journal of Applied Behavioral Science, Volume 5, Number 2, 1979.

The Arts of Top Management, a McKinsey Anthology, McGraw-Hill, London, 1970.

Tichy, N.M., *Agents of Planned Social Change: Congruance of Values, Cognitions and Actions*, Administrative Science Quarterly, Volume 19, Number 2, 1974.

UNIDO, *Manual on the Use of Consultants in Developing Countries*, UN, New York, 1972.

Walsh, J.E., *Guidelines for Management Consultants in Asia*, APO, Tokyo, 1973.

Wilson, A., *The Marketing of Professional Services*, London, McGraw-Hill, 1972.

Wolf, W.B., *Management and Consulting: An Introduction to James O. McKinsey*, Ithaca, New York, 1978.

Woodworth, W. and N. Reed, *With Doctors, Messianics, Sorcerers, and OD Consultants: Parallels and Paradigms*, Organizational Dynamics, Autumn, 1979.

ANDERE BOEKEN VAN DE AUTEUR

The Tao of Business Witticisms
Mondiaal Management
Mondiaal Management - Vragen en Antwoorden
Management Graffiti
Guiding Global Growth
De Passie van de Professional [met M. Dubbeldam]
Strategy - Odyssey to a Winning Performance
250 Managementwijsheden met een Knipoog
Internationale Bedrijfskunde - Van Exporteren naar Globaliseren [met H. Ebbers]
KLM - Waarheen Vliegt Gij?
Er Leiden Vele Wegen naar het Buitenland
Ter Lering Ende Vermaeck
Global Strategy
KLM - Vliegen of Fladderen?
Multibusiness Corporations
Meer Managementwijsheden met een Knipoog
Internationalisatie - Stof tot Nadenken
Managementtrends
Internationaliseren - Van Economies of Scale via Economies of Scope naar Economies of Skills
400 Managementwijsheden met een Knipoog
Internationaal Management
De Fokker-Dasa Deal - De Verkwanseling van de Nationale Vliegtuigindustrie
Leasing and Marketing [met T. Sanders]
Multinationalisatie van Nederlandse Dienstenondernemingen
Strategie en Structuur van Nederlandse Multinationale Ondernemingen

www.ingramcontent.com/pod-product-compliance
Lightning Source LLC
Chambersburg PA
CBHW070150230526
45471CB00002B/598